명리요강
깊이 읽기 1

- 도계실관 해설 甲乙편 -

들어가는 말

어느 날 사주가 보이던 날의 기억을 담아

```
丁 戊 壬 己
巳 辰 申 亥  乾 장면
丙 丁 戊 己 庚 辛
寅 卯 辰 巳 午 未
```

도계실관 해설

상관격에 인성이 용신으로 종교면과 교육계에 종사했으며 47세 이후 丁운에 인성이 왕하므로 정계에 진출했다. 53세는 卯운 卯년으로 용신 丁화를 생하여 국무총리가 되었다. 58세 丙申년에 부통령이 되었으며 62세 庚子년은 시운의 변하로 정계가 개편되어 내각책임제의 총리로 당선되었다. 63세 辛丑년은 寅운인데 삼형이 성국하며 용신이 상충으로 퇴직하였고 68세 丙午년은 병탈정광(丙奪丁光)도 되고 상관견관(傷官見官)하여 거세하였다.

1.

『명리요강』의 뒷부분에 수록된 고금참고명조는 언제나 내게 무거운 짐이었다. 명리에 입문하고 한참이 지났던 어떤 날 나는 장면 사주에 대한 도계 선생님의 해설을 보다가 책을 덮었다. 한마디로 도계 선생님의 풀이가 마음에 들지 않았다. 아니 나는 장면 사주를 보고 일국의 총리에 이를 만한 어떤 점도 보이지 않아 속이 상했다고 하는 편이 좋을 것 같다. 의문은 대략 3가지였다.

첫째, 관성이 약한 사주가 어떻게 행정수반이 될 수 있었을까? 명리 고전『적천수』-하지장(何知章)에는 "그 사람이 귀한지 어떻게 아는가? 관성이 이치에 부합한다. 그 사람이 천한 사람인지 어떻게 아는가? 관성이 보이지 않는다(何知其人貴 官星有理會 何知其人賤 官星還不見)"는 구절이 나온다. 이 대목은 관성을 통해 어떤 사람의 귀천을 논하는 전통적인 관법(觀法)의 근거가 되는 구결이었다.

기본적으로 고관대작이 되거나 국가 수반이 되려면 관성의 향방이 선명해야 할 것이다. 그런데 장면 총리는 천간에 관성이 투간하지 않았고, 亥중 甲목과 辰중 乙목이 암장되어 있을 뿐이었다. 게다가 장면 총리가 태어난 계절은 申월로 12운성상 목의 절태(絕胎)지로 아주 쇠약한데, 그나마 멀리서 巳亥충으로 亥중 甲목이 손상을 입고 있는 형국이다. 그런데 무슨 근거로 이 사주가 내각책임제의 행정수반인 국무총리 사주란 걸 알아볼 수 있단 말인가? 나로서는 도저히 장면 총리 사주를 고관대작이라고 알아볼 자신이 없었다. 설사 丙寅, 丁卯의 목운이 와서 관성이 커졌으므로 행정부 수반에 올랐다 하더라도 결과론적인 해석일 뿐이 아닐까 하는 의문이 가시지 않았다.

둘째, 신강신약론에 대한 회의다. 장면 총리는 戊토 일원이 申월에 태어났고, 금수가 세력을 지니고 있으므로 당연히 신약한 사주가 된다. 따라서 인성 丁화가 시상에 투간했으므로 인성이 용신이 되어야 한다. 그런데 문제는 장면 총리는 초년에 남방운을 살았다는 점이다. 만약 丁화가 용신이었다면 丁화가 녹왕지에 있었던 초년 巳午未에 최고 정점을 찍었어야지 왜 丙寅운에 행정수반에 오르게 되는가 하는 의문은 아무래도 풀어낼 길이 없었다.

셋째, 이 사주는 계절의 논리에 맞지 않았다. 申월은 庚금을 丙화로 익혀야 되는 계절인데, 장면 사주는 庚금과 丙화가 지지에 암장되어 있을 뿐 모두 투간하지 않았다. 게다가 임수가 투간되어 지지에 튼튼히 뿌리를 박고 있으므로 오히려 수기가 왕성하다고 할 수 있는 형국이다. 丙화가 활약해야 하는 계절에 오히려 수기가 왕성하면 기신득왕(忌神得旺)이라고 말할 수 있을 텐데, 어떤 이유로 행정수반에까지 오를 수 있었단 말인가?

혼자서 문제를 풀 수 없었던 나는 역문관 선생님께 장면사주에 대한 자세한 설명을 부탁드려 보았다.

"선생님 장면총리 사주는 어떤 면이 작동했기에 국가 최고위 직에 까지 오를 수 있었던 겁니까?"

선생님은 내게 장면사주에 대한 평을 해 주셨는데, 당시의 나로서는 선생님의 설명을 이해할 수 없었고, 그래서 무슨 설명을 들었는지조차 잘 기억나지 않는다. 다만 '사주 8글자가 모두 작동하면 일국의 제왕이 된다.'는 말씀만이 어렴풋하게 떠오를 뿐이다. 물론 나는 그 말씀이 의미하는 바를 전혀 알 수 없었다.

2.

```
丁 戊 壬 己
巳 辰 申 亥  乾
丙丁戊己庚辛
寅卯辰巳午未
```

세월이 한참 지난 뒤의 어느 날 나는 문득 장면사주의 한 컷을 이해하게 되었다. 우연히 들여다 본 장면 사주에서 월지 壬申과 시지 丁巳가 서로 천간지지 모두 원앙합을 이루고 있는 게 보였다. 머릿속에서 번쩍 눈앞이 환해지는 느낌을 받았다. 갑자기 장면 사주 원국에서 8글자가 모두 움직이는 모습이 진짜로 보이고 있었다. 이 사주의 중요 패턴은 아래의 3가지였다.

첫째, 년지 亥수와 월상으로 투한 壬수는 시상의 丁화와 합하고, 壬수가 뿌리내린 申금은 시지 巳화와 巳申합한다. 巳화는 戊토의 녹지이므로 戊토는 왕성한 재성을 직접 취하고 있다고 말할 수 있다.

둘째, 년간 己토 겁재의 문제이다. 己토는 겁재로 복을 나누어 가는 흉신이다. 그런데 己토는 亥중 甲목과 자합하여 제어되고 있으므로 戊토는 온전히 재관을 혼자 차지할 수 있게 된 셈이다. 기신(忌神)을 제거했으니 흉변위길(凶變爲吉:흉한 것이 길한 것으로 변함)인 셈이다. 유병득약(有病得藥)이면 왕상지명(王相之命)이라고 하지 않았던가?

셋째, 월지 申금에서 壬수가 투간했는데, 壬수는 亥수가 귀록처이므로 申, 壬, 亥가 서로 붙어 한 몸을 이루고 있었다. 따라서 申금은 壬수를 금생수 해주는 근원임과 동시에 다대일(多對一)의 구조에서 핵심이 되는 일(一)의 역할을 하고 있다. 이럴 경우 일간이 일(一)의 역할을 하는 것을 취하는 것이 중요한데, 申辰회국하여 일지에 이른 뒤, 戊토 일원이 辰중의 癸수와 戊癸자합하고 있다. 왕한 재성을 일간이 모두 취하고 있는 모습이라고 할 것이다. 나는 뛸 듯이 기뻤으나 이내 좀 외로워지고 말았다. 선생님께서 이미 돌아가신지 오래라 장면사주의 비밀을 알아냈노라고 토론할 만한 상대가 없었던 까닭이었다.

이 책을 정리하는 동안 잘 알아듣지 못하는 나를 놀리며 명리의 비밀을 풀어 놓으시던 선생님의 모습을 여러 번 떠올리곤 했다. 그때 선생님께 전해들은 지식들을 나 혼자만 알면 안 된다는 생각이 역문관 아카데미를 열게 하고, 이 책을 집필하는 원동력이 되어 주었다.

지금도 어디선가 『명리요강』을 읽으며 밤새워 고민하는 학인들이 있으리라고 생각한다. 혹시라도 이 책을 통해 모호한 의문의 실마리가 풀릴 수 있다면, 도계 선생님이 역문관에 부촉하셨던 비밀 하나를 전하게 되었음을 진심으로 기쁘게 생각한다.

2022.12. 冬至
삼각산인 謹識

일러두기

- 이 책은 역문관아카데미에서 진행된 『명리요강 깊이읽기』 - 도계실관 해설편의 교재로 만들어졌다. 좀 더 자세한 설명은 네이버 카페 '역문관아카데미'의 『명리요강 깊이읽기』 동영상에 수록되어 있다.

- 본문에서 인용한 도계실관 해설은 『명리요강』에 수록된 '도계실관'편의 명조와 해설을 편집한 것이다.

- 『명리요강 깊이읽기』는 총 5권이 출간될 예정이다. 이 책은 첫 번째로 甲乙일주(木)만을 해설했다.

- 비교사주는 명리 고전에서 인용한 명조와 해설이다.

- 『명리요강』의 '도계실관' 편은 난강망의 체계와 동일한 순서로 서술되어 있다. 각각의 일간이 월지에 따라 어떻게 다른가를 기술하는 형식이다. 이 책 역시 원문의 서술방식에 따르고 있으며, 개별 사주마다 좀 더 자세한 해설을 곁들였다.

목 차

들어가는 말   4
일러두기   11
총론 - 목의 성질을 논함   14
에필로그   219

제1부 甲목 일주

寅月 甲木	22
卯月 甲木	34
辰月 甲木	44
巳月 甲木	53
午月 甲木	61
未月 甲木	68
申月 甲木	75
酉月 甲木	83
戌月 甲木	91
亥月 甲木	100
子月 甲木	112
丑月 甲木	120

제2부 乙木 일주

寅月 乙木	128
卯月 乙木	137
辰月 乙木	146
巳月 乙木	152
午月 乙木	160
未月 乙木	167
申月 乙木	175
酉月 乙木	182
戌月 乙木	190
亥月 乙木	197
子月 乙木	205
丑月 乙木	213

총 론

목의 성질을 논함

출전 : 난강망

木性騰上而無所止 氣重則欲金任使 有金則有惟
高惟斂之德 仍愛土重 則根蟠深固 土少則有枝茂
根危之患 木賴水生 少則滋潤 多則漂流

木의 성질은 위로 올라가려 하고, 멈추는 성질이 없으므로 기운이 강할 때는 金을 쓰고자 한다. 木이 金을 가지면, 즉 더욱 고상하고 거두어들이려는(收斂) 덕이 있다. 土가 두터운 것을 좋아하는데, 즉 뿌리가 깊고 단단하게 서리게 되기 때문이다. 土가 적으면 즉 가지는 무성하나 뿌리가 위태로운 근심이 있다. 木은 水가 생하는 것에 의지하니, 적으면, 축축하게 적셔 윤택하고, 많으면 표류한다.

甲戌 乙亥 木之源 甲寅 乙卯 木之鄕 甲辰 乙巳 木
之生 皆活木也 甲申 乙酉 木受剋 甲午 乙未 木自
死 甲子 乙丑 金剋木 皆死木也

甲戌, 乙亥는 木의 근원이며, 甲寅, 乙卯는 木의 향(鄕)이며, 甲辰, 乙巳는 木의 生地로, 모두 살아 있는 木이다. 甲申, 乙酉는 木이 극을 받으며, 甲午, 乙未는 木이 스스로 사지(死地)가 되고, 甲子, 乙丑은 金이 木을 극하니, 모두 죽은 木이 된다.

　　　生木得火而秀 丙丁相同 死木得金而造 庚辛必利
　　　生木見金自傷 死木得火自焚 無風自止 其勢亂也
　　　遇水返化其源 其勢盡也 金木相等 格謂斲輪 若向
　　　秋生 反爲傷斧 是秋生忌金重也

　생목(生木)은 火를 얻으면 빼어나게 되니, 丙火·丁火가 모두 같다. 사목(死木)은 金을 얻으면 이루어지니, 庚·辛이 반드시 이롭다. 생목이 金을 보면 자신이 다치고, 사목이 火를 얻으면 자연히 불타 버린다. 바람이 스스로 멈추어도 그 세력이 어지러워지는데, 水를 만나 그 근원으로 되돌아가 변화되면 그 세력이 다하게 된다.

　金과 木이 서로 대등하여 격을 이루는 것을 착륜(斲輪, 나무를 깎아서 만든 바퀴)이라 하는데, 만약 가을에 태어났을 때는 오히려 도끼에 의해 손상되니, 가을에 출생한 목은 金이 중한 것을 두려워한다.

봄

木生於春 餘寒猶存 喜火溫暖 則無盤屈之患 藉水
資扶 而有舒暢之美 春初不宜水盛 陰濃則根損枝
枯 春木陽氣煩燥 無水則葉槁根枯 是以水火二物
既濟方佳 土多而損力 土薄則財豐 忌逢金重傷殘
剋伐 一生不閑 設使木旺 得金則良 終生獲福

　木이 봄에 태어나면, 아직 차가운 기운이 남아있어, 火가 溫暖하게 함을 기뻐하며 꾸불꾸불하게 굽어지는 근심이 없다. 水가 도와주면 화창하게 펴지는 아름다움이 있다. 봄의 초기에는 水가 왕성한 것이 좋지 않으며, 어둡고 습기[陰氣]가 많으면 뿌리가 손상되고 가지가 메마른다.

　봄의 나무는 陽氣가 상승해서 건조하기 때문에 水가 없으면 잎이 시들고 뿌리가 마르므로, 水와 火의 二物이 같이 있어서 조화가 완성되어야 비로소 아름다워진다. 土가 많으면 힘이 손상되며, 土가 적으면 재물(또는 재주, 판본에 따라 才와 財로 됨)이 풍족하다. 金을 거듭해서 만나는 것을 두려워하니 손상을 입고 극벌(剋伐) 당하게 되면 일생동안 편안하지 않다. 木이 왕성하면 金을 얻을 경우 양호해져, 죽을 때까지 복을 얻게 된다.

여름

夏月之木 根乾葉燥 盤而且直 屈而能伸 欲得水盛
而成滋潤之力 誠不可少 切忌火旺而招焚化之憂
故以為凶 土宜在薄 不可厚重 厚則反為災咎 惡金
在多 不可欠缺 缺則不能琢削 重重見木 徒以成林
疊疊逢華 終無結果

여름의 木은 뿌리와 잎이 메마르므로 굽은 것을 곧아지게 하고 오그라든 것이 펴질 수 있으려면 반드시 水의 왕성함을 만나야 윤택하게 하는 功을 이룰 수 있으므로 진실로 수가 적으면 안된다. 火가 왕성함을 아주 두려워하는 것은 불타버리는 근심을 초래하기 때문이므로 凶이 된다.

土는 얇게 있는 것이 좋고 두텁고 무거우면 안 되니, 두꺼우면 도리어 재앙과 허물이 된다. 金이 많은 것을 싫어하지만 부족한 것도 좋지 않으며 부족하면 목을 다듬고 쪼갤 수가 없다. 거듭해서 木을 보게 되면 숲을 이루고 꽃을 피우기는 하지만, 결국에는 열매[結果]가 없다.

가을

秋月之木 氣漸凄涼 形漸凋敗 初秋之時 火氣未除
尤喜水土以相滋 中秋之令 果以成實 欲得剛金而
修削 霜降後不宜水盛 水盛則木漂 寒露節又喜火
炎 火炎則木實 木多有多材之美 土厚無自任之能

가을의 木은 기온이 점차로 차가워지므로 형상이 점점 시들어서 메말라 간다. 初秋의 시기에는 火氣가 제거되지 않았으므로 더욱 水土가 서로 도와주는 것을 기뻐하며, 中秋의 月令은 마침내 결실을 완성하니, 강한 金을 얻어서 깨끗하게 깎고 다듬고자 한다. 상강(霜降) 이후에는 水가 왕성한 것은 좋지 못하니 水가 왕성하면 木이 표류한다.

한로(寒露)에는 또한 火가 뜨거운 것을 좋아하는데, 뜨거우면 나무가 결실을 이룬다. 木이 많으면 목재가 많아지는 아름다움이 있으나 土가 두꺼우면 스스로 맡을 능력(自任, 감당할 능력)이 없다.

겨울

　　冬月之木 盤屈在地 欲土多而培養 惡水盛而忘形
　　金總多不能剋伐 火重見溫暖有功 歸根復命之時
　　木病安能輔助 須忌死絶之地 只宜生旺之方

　겨울의 木은 구부러지고 오그라들어 땅에 있으니, 土가 많아서 배양해주는 것을 좋아한다. 水가 왕성하여 형체가 잠김을 싫어하고, 金이 함께하여 많아도 극벌(剋伐)할 수 없다. 火가 거듭 보이면 온난함이 공을 이룬다. 겨울은 근본으로 돌아가서 처음의 본명을 회복하는 시기이다. 木이 병들면 어떻게 보조할 수 있겠는가? 반드시 사절(死絶)지를 피하고 생왕(生旺)의 방향으로 가는 것이 좋다.

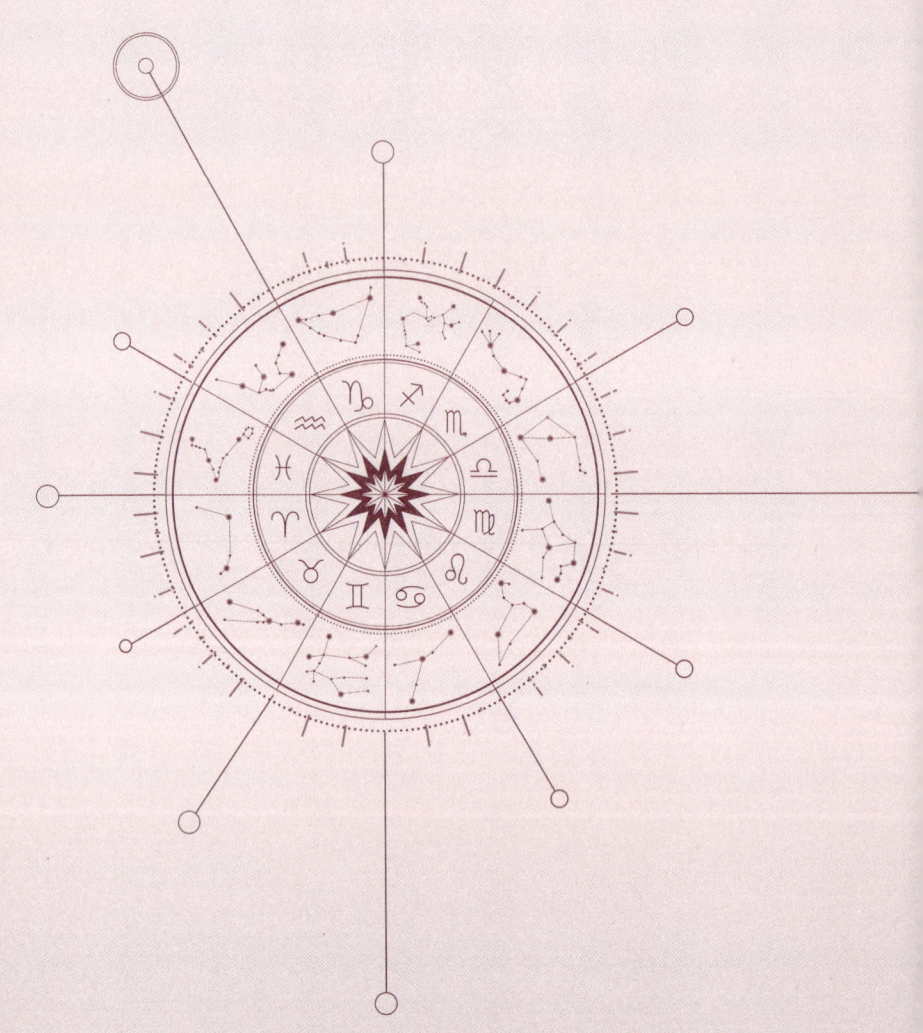

제1부
甲목 일주

寅月 甲木

난강망 원문

正月甲木 初春尚有餘寒 得丙癸逢 富貴雙全 癸藏丙 透 名寒木向陽 主大富貴 倘風水不及 亦不失儒林俊 秀 如無丙癸 平常人也

　정월 甲木은 초춘(初春)에 아직 차가운 기운이 남아 있으므로, 丙火와 癸水의 투출함을 얻으면 부귀가 모두 완전해 진다. 癸水가 감추어져 있고 丙火가 투출하면 '차가운 나무가 볕을 향한다(寒木向陽).'라고 하여 크게 부귀하다. 혹시 풍수(風水)의 덕이 부족해도 역시 유림(儒林)의 준수함을 잃지 않지만 만약 丙火와 癸水가 없으면 평상인이다.

도계 선생 명리요결

　입춘에는 한기가 가시지 않았으니 丙火가 투출하여 보온함이 길하다. 癸水가 암장되어 목의 뿌리를 습윤하게 하면 귀격이다. 어린 싹에 금이 극함을 꺼린다. 우수 후에는 목의 정기가 돌아오니 화가 있으면 목화통명으로 부귀를 이룬다. 금이 있으면 재목을 잘라서 귀격이 된다. 토는 뿌리를 내리는 이로움이 있다. 수가 많으면 불길하다.

1924년생 칠살격 상관용

庚 甲 丙 甲
午 寅 寅 子　乾 10

辛 庚 己 戊 丁
未 午 巳 辰 卯

도계실관 해설

甲木일주가 입춘일에 태어났으니 아직 약한 목이다. 그러나 비겁이 많고 자수가 생조하니 길한 조짐이다. 그러나 아직 차가운 기운이 극심하므로 시상 庚金에 어린 싹이 상하는 것을 꺼린다. 따라서 寅中에 뿌리를 둔 丙火가 용신이다. 초운 丁卯에는 목화가 금을 제어하여 20세까지 부모덕으로 잘 살았다. 戊辰운에 부모상을 당하고 己운도 불길했다. 巳운은 이해가 상반이었고 庚운은 고생이 막심했다. 午운에 들어와 처덕으로 상업이 발전하고 辛운 癸丑년은 희신인 丙화를 합거하므로 세상을 떠났다.

삼각산인 해설

寅월 甲목이 득령하여 목왕지국을 이루었다. 왕목을 丙화로 설하므로 목화로 향배를 잡는다. 巳대운은 庚금이 장생하고 甲목의 녹신인 寅목과 寅巳형천하므로 길흉이 상반이다. 세력으로 보자면 목화가 세력을 이루어 금수를 제어하는 형국이다. 년지 子수는 午화가 멀어서 子午충으로 제어하기 어렵다. 시상 庚금은 무근하여 허투했으나 제어할 수단을 갖지 못하였으므로 남방운을 기다려 발전하게 된다.

▶ 초운 丁卯에는 목화가 금을 제어하여 20세까지 부모덕

午중의 丁화가 대운 丁으로 투출하여 午화가 동하므로 庚금이 제어된다. 또한 午화가 동하면 子午충이 일어나 子수를 제어하게 되므로 초운 丁卯운이 좋다.

▶ 午대운에 발전

庚午운에 들어오면 시주 庚午와 복음을 이루어 응한다. 庚금을 화로 제하는 것이 원국의 특징인데, 庚午대운에 응기하므로 발전한다. 午중의 己토는 甲목의 처성으로 寅午합하여 처궁과 세력을 이룬 뒤, 명국의 병인 庚금을 제어하기 때문이다. 庚운에 고생이 막심한 것은 기신 庚금이 복음으로 출현하여 병이 중해지는 연고이다.

▶ 戊辰대운 부모상

寅중의 戊토는 편재로 甲목의 부친이 된다. 戊辰대운이 와서 寅중의 戊토 편재가 대운에 투간하면 년상의 甲목이 戊토를 극하게 되므로 아버지상을 당하게 된다. 어머니는 월지 寅중의 戊토 아버지와 戊癸 암합하는 子수 인성으로 볼 수 있다. 사주원국의 의향이 금수를 제어하고자 하는데 辰운이 오면 子辰 회국하여 의향에 반하게 되어 불길하다.

▶ 辛운에 사망

월상의 丙화는 庚금을 극제하는 희신인데 辛未대운에 들어가면 丙辛합하여 제거 당한다. 목화가 세를 이루어 금을 제어하는 것이 명조의 의향인데, 거꾸로 辛금이 丙화를 합제하므로 명조의 의향에 반하게 되어 사망에 이르렀다. 癸丑년 천간 癸수가 丙癸충을 일으켜 丙화를 동하게 하니 丙辛합이 응기한다. 더불어 癸丑년 기신인 子丑이 합을 이루면 子午충이 더 이상 일어나지 않으므로. 子수를 제어할 수 없다. 사망에 이른 이유 중의 하나이다.

1904년생 인수격

甲 甲 丙 甲
戌 午 寅 辰 坤 8

己 庚 辛 壬 癸 甲 乙
未 申 酉 戌 亥 子 丑

도계실관 해설

甲木일주가 寅월에 태어나 득령(得令)했다. 목화통명을 이루었으나 寅午戌 火局을 이루어 조열하므로 습기를 머금은 辰토가 用이다. 子운부터 壬운까지 이십년에 남편이 발전했다. 戌운중에 辰戌충하니 己丑년(1949) 庚寅년(1950)에 대패했다. 생명이 무사했던 것은 대운상에 壬수가 개두되었기 때문이다. 辛酉 庚申운에 금왕생수하여 큰 부자가 되었다. 己운 壬子년 酉月에 子午상충하니 화가 폭발하여 습기가 고갈, 목분비회(木焚飛灰)하여 세상을 떠났다. 甲목은 조열하면 辰토를 기뻐한다.

삼각산인 해설

寅월 甲목이 寅午戌 삼합을 이루어 화기가 태성하다. 다행히 辰중에 수기가 있어 甲목이 뿌리를 내린다. 따라서 부족한 수기를 보충, 辰중의 癸수가 힘을 얻어야 발전할 수 있는 명조이다.

▶ 子운부터 壬운까지 이십년에 남편이 발전

남편은 좌하 午중에 암장된 근토이다. 천간에 甲목이 3개나 투간되어 자칫 중혼지상으로 볼 수 있으나 일시의 甲午/甲戌이 회국하여 한 몸이 되었고, 월지 寅목에 귀록한 년상 甲목 역시 寅午합으로 일간과 한몸을 이루니 년일시의 甲목을 한사람으로 볼 수 있다.

북방 수운은 辰토 수고에 수기를 공급하여 화왕(火旺)으로 부터 벗어나게 되니 남편이 발전했다. 일지 배우자궁인 午화를 충함에도 子운부터 남편이 발전한 것은 子辰회국하여 탐합망충(貪合忘沖)할 뿐만 아니라 극성한 화기에 대항하여 수기를 공급하는 것이 원국의 의향이기 때문이다. 庚申, 辛酉는 금생수 하므로 금수가 힘을 얻으므로 길운이다. 辛酉대운 辰酉합, 庚申대운 申辰회국으로 금수가 왕화의 극제로부터 벗어나고 있음을 이해하는 것이 중요하다.

▶ 戌운중에 辰戌충하니 己丑년(1949) 庚寅년(1950)에 대패

이 사주는 수기를 필요로 하므로 금수가 커져야 발전할 수 있다. 따라서 금수운이 길하고 목화운이 불길하다. 戌운이 되면 辰戌상충으로 辰중에 암장된 수기가 고갈되므로 불길하다. 己丑년에 응한 것은 배우자궁인 午화에 숨어 있는 관성 己토가 천간에 투간하고, 丑午가 상천(相穿)하므로 남편궁의 응기, 남편에게 불길한 일이 일어나는 것을 알 수 있다. 丑午가 상천하면 午중의 己토가 무너지는 연유이다.

▶ 己未대운 사망

己未대운은 甲午일주와 천간지지가 모두 합하므로 자신에게 중대한 변화가 있음을 알 수 있다. 금수를 희신으로 쓰는 구조에서 己未대운으로 전환되었음이 불길해 보인다. 나아가 壬子년 좌하 午화를 충하므로 충중봉합(沖中逢合)으로 응해 사망했다.

1912년 신왕용재격

戊 甲 壬 壬
辰 子 寅 子 乾6

戊 丁 丙 乙 甲 癸
申 未 午 巳 辰 卯

도계실관 해설

甲木이 입춘과 우수 사이에 태어나 월령을 얻었으므로 신왕하다. 초봄에 한기가 남았으므로 寅中 丙火가 용신이 될듯하나 丙화가 투간하지 못했고, 수가 너무 많다. 辰중에 착근한 시상 戊토가 왕수를 억제하는 용신이다. 癸卯운은 수목이 戊토를 극하므로 부모가 모두 돌아가셨다. 乙巳운부터 상업에 종사했고, 丙午 丁未운에 귀인이 도와 사업에 성공, 부를 축적했다. 그러나 관직에 나가지 못한 것은 화가 너무 약한 가운데 壬수가 투출했고, 일점의 금기(관성)가 없기 때문이다. 申운은 수국이 되어 용신인 戊토가 무너지므로 불길하다.

삼각산인 해설

寅월의 甲목은 아직 겨울이므로 戊토로 덮어주고 丙화로 따뜻하게 해주어야 한다. 이 사주는 寅월에 수기를 공급하는 원칙은 충족되었으나 丙화가 투간하지 못해, 한기를 다스리지 못했다. 따라서

丙화가 없어 관직에 나가는 정도의 귀기가 부족하다.

▶ 癸卯운 조실부모

寅월 태어난 甲목이므로 월상의 寅목 녹신은 어머니로 볼 수 있는데, 寅중에서 戊토가 투출했으므로 시상 戊토는 어머니를 대변한다. 甲목의 편재는 戊토이므로 곧 아버지이다. 부모궁인 월지 寅중에서 투간한 戊토는 어머니인 동시에 또한 아버지를 나타낸다. 癸卯대운 중 戊癸 합거하므로 15세 전 부모를 모두 잃는 상황이 나타나있다.

▶ 乙巳대운부터 성공

입춘과 우수 사이에 태어났으므로 아직 한기가 가시지 않았다. 이 시기는 초춘(初春)이라고 부른다. 초춘은 丙화의 조후가 각별히 필요한 때인데, 천간에 丙화가 투간하지 않은 것이 병이다. 乙巳대운부터 남방운이 시작되어 丙午 丁未운에 유병득약(有病得藥)하여 재물을 축적했다.

▶ 관직에 나가지 못한 이유

도계선생은 관직에 나가지 못한 것은 "화가 너무 약한 가운데 壬수가 투출했고, 일점의 금기(관성)가 없기 때문이다"라고 쓰셨다. 세밀히 해석한다면 甲목의 관성은 金인데 초춘의 목은 새순과 같아서 금기를 필요로 하지 않고, 반대로 금기를 제어하고 추위를 극복해 줄 丙화를 매우 필요로 한다. 그런데 이 사주는 丙화가 투간하지 않고 오히려 천간에 壬수가 두 개나 자리를 잡고 있으므로 사주의 병이 되고 있다. 따라서 원국에 흠결 때문에 귀기를 갖추지 못했다. 관직에 나가는 경우는 관성과 일간이 갖는 관계가 좋아야 하는데, 이 사주는 관성을 갖추지 못했을 뿐만 아니라 관성이 기신(忌神)이므로 관직에 나가지 못한다. 대개의 경우 봄에 태어난 목이 수기를 보아 활목(活木)이 되면, 금기를 꺼리는 경향이 있다.

[비교사주]

丙 甲 戊 庚
寅 子 寅 寅 乾

조화원약 해설

우수 7일전에 태어나 丙화가 투출하고 癸수가 암장되어 대부대귀격이다. 처궁에 癸수가 있어 내조의 힘을 얻는다.

삼각산인 해설

목화왕국에 子수가 寅목을 생하므로 활목이다. 활목(活木)은 모름지기 丙화를 만나 목화통명으로 향배를 정한다. 寅중의 戊丙甲이 모두 투간하였으므로 대부귀명이다. 운로 역시 목화로 흘렀다. 년상의 庚금은 甲목을 극하고 있는데, 寅중에 뿌리내린 丙화가 남방운으로 흐르면서 년상 칠살을 제어하므로 귀명이다.

```
丙 甲 戊 庚
寅 戌 寅 寅 乾
```

조화원약 해설

우수 후 5일에 태어나 양장목갈(陽壯木渴)하다. 수의 윤택함이 없으니 흉하다. 사주에 癸수가 없으므로 丙화가 출간했어도 부귀가 작다.

삼각산인 해설

寅월 甲목이 수기를 만나지 못했으므로 그릇이 작다. 寅중의 戊丙甲이 모두 투했으므로 이름을 얻는다. 년상의 庚금을 丙화 식상을 이용해 제압하려 하므로 군인이 되었다.(식신제살)

```
乙 甲 丙 甲
亥 寅 寅 子 乾 사주첩경 의대교수
```

삼각산인 해설

寅월 甲목이 목왕지절에 태어나 月令을 얻었다. 왕목은 설기(泄氣)해야 하는데 월상에 丙화가 투간하여 목화통명을 이루었다. 정월달은 甲목이 뿌리를 내리는 계절로 아직 초춘(初春)의 한기가 가시지 않은 때이다. 월상의 丙화는 왕목을 설하는 희신이자 한기(寒

氣)를 가시게 해주는 약신(藥神)이다. 년시의 亥子 수기를 바탕으로 甲목이 뿌리를 내린 뒤 丙화로 한기를 제거하니, 격국의 완성도가 높다. 목일주가 수기를 만나 활목이 되었으므로 丙화를 보아 꽃을 피워야 한다. 목화통명(木火通明)을 이루었으니 부귀쌍전하는 명이다.

▶ **가족관계**

비겁이 중중하므로 형제가 많다. 乙목 겁재가 시상에 투간하여 제어되지 않았으므로 이복형제가 있을 수 있다. 乙목 겁재의 좌하 亥수는 寅亥합하여 부모궁과 관련을 가지므로 어머니가 둘일 수 있다. 부모궁에 투출한 寅중 丙화는 아버지가 된다. 아버지가 길신의 작용을 하므로 좋은 집안에 태어났음을 알 수 있다.

배우자궁인 寅중에서 丙화가 투간했으니 처의 모습이다. 처성 丙화 역시 길한 작용을 하므로 배우자 역시 좋은 사람임을 알 수 있다. 자손궁에 겁재가 위치할 뿐만 아니라 공망에 해당한다. 따라서 겁재의 모습을 하고 있는 자손은 기대에 미치지 못할 것으로 보인다.

卯月 甲木

난강망 원문

正二月甲木 素無取從才從殺從化之理 或一派庚辛
主 一生勞苦 尅子刑妻 再支會金局 非貧卽夭

1월과 2월 甲木은 본래 종재, 종살, 종화의 이론을 취하지 않는다. 혹시 한 무리의 庚金, 辛金이 있으면 일생동안 노력해도 고생하며, 자식을 극하고 아내를 刑한다. 거듭해서 지지에 金局을 이루면, 죽지 않으면 가난하다.

도계 선생 명리요결

월건이 양인(羊刃)이므로 목왕지국이다. 만일 庚금이 천간에 투출하면 양인합살(羊刃合殺)격이 된다. 목은 극강하고 칠살인 庚금은 약하므로 제살이 아니라 토로 살을 생조해야 한다. 격을 이루면 권부에 나아가 높은 관리가 된다. 庚금이 없고 丙화만 있다면 목화통명으로 부귀한다. 丙화 대신 丁화가 투간해서 목화통명이 되면 지지에 寅巳午 등이 있어 통근이 되어야 발달한다. 화가 많아서 신약 조열해지면 조후를 해야 길하다.

1898년 칠살용재격

庚 甲 乙 戊
午 戌 卯 戌 乾 8
辛 庚 己 戊 丁 丙
酉 申 未 午 巳 辰

도계실관 해설

甲일주가 卯월에 태어나 乙목이 투출했으니 목왕지국을 이루었다. 왕자는 억부해야 되므로 시상에 투출한 庚금을 취용, 양인합살(羊刃合殺)로 귀격이다. 목화가 세력을 이루어 乙庚합으로 칠살을 깨끗하게 제어했으니 격이 아름답다. 년상 戊토가 지지에 유근하여 庚금을 생하지만 만국이 조열하므로 남방운에 관재가 많고 매사가 어그러졌다. 庚申운부터 상업에 순풍을 만나 안락(安樂) 생활했다. 금왕운에 권력고관이 되지 못한 것은 습기가 없기 때문이다. 대격이면서도 대격이 되지 못한다.

삼각산인 해설

목화와 조토가 세력을 이루었을 뿐만 아니라 시상 庚금을 완전히 제어했으므로 庚금이 힘을 얻어야 발복하게 된다. 巳午未 대운 30년은 목화가 더욱 힘을 얻어 관재가 많았고 매사에 결과를 얻지 못했다. 庚申운부터 상업에 순풍을 만나 풍족하게 살았다.

이 사주의 요점은 목화가 강한 세력을 이루어 무력한 庚금 칠살을 제어하고 있는 점이다. 월령을 얻은 乙목이 乙庚합으로 칠살을 제어하므로 목왕지국이 약금을 통제하는 격이다. 庚금을 완전히 제어했으므로 庚금이 뿌리나 세력을 얻으면 발달하게 된다.(적포구조)

▶ 금왕운에 권력고관이 되지 못한 이유

도계선생은 "금왕운에 권력고관이 되지 못한 것은 습기가 없기 때문이다."라고 보셨다. 卯월의 목은 기본적으로 수가 없는 상태에서 금을 만나면 계절의 의향과 어긋나므로 금기를 꺼리게 된다. 이 사주의 경우 원국에 수기가 없으므로 귀기를 갖기 어렵다고 볼 수도 있다.

한발자국 더 내디뎌 원국의 구조를 본다면, 이 사주는 월령제강의 법칙에 근거한 내격의 구조를 갖는 사주가 아니고 시상 庚금을 제어하는 '의향을 지닌 사주'라고 할 수 있다. 그런데 목화가 세력을 이루어 제어하는 庚금의 모습이 너무 무력하므로 부귀를 겸전하는 사주의 모양으로 판단하기 어렵다.

1903년생 양인격 상관용

戊 甲 乙 癸
辰 午 卯 卯　坤 10

壬 辛 庚 己 戊 丁 丙
戌 酉 申 未 午 巳 辰

도계실관 해설

甲일주가 목왕지절에 태어나 비겁이 중하니 일주가 태왕하다. 일점의 관성이 없는 가운데 午화가 왕목을 설기한다. 그러나 천간에 丙丁화가 투출하지 못하므로 대격이 아니다. 초년 화운에 귀하게 생장하였고, 丁운중에 약한 화를 도와 의사에게 출가했다. 戊午己운까지 집안이 발전했다. 未운에 왕목이 입묘하므로 남편이 관재를 당했고 재산의 손해도 많았다. 庚申운부터 왕목을 제어하여 생화하므로 재왕하고 酉운은 양인을 충하므로 불길해 보이지만 역시 왕목을 제어하여 길하다. 壬운 壬子년에 용신 午를 충거하여 거세했다.

삼각산인 해설

甲일주가 목왕지절에 태어났다. 卯월에 乙목이 午화를 만나 왕목을 설기하고 있다. 卯월은 乙목이 丙화와 癸수를 만나 성장하는 계절인데, 년상의 癸수가 辰중에 뿌리를 두어 수기를 공급하고 午화가 왕목을 설하는 구조이다. 그러나 천간에 丙丁화가 투출하지 못해 대격이 못되며, 목화왕국에 수기가 부족한 것이 아쉽다. 춘절의 乙목은 丙癸로 수화기제(水火旣濟)를 이루는 것이 중요하다.

▶ 丁운에 의사에게 출가

관성이 없으므로 남편이 없다고 판단하면 안 된다. 甲목은 己토와 합하므로 배우자궁인 午중의 己토가 배우자가 된다. 일간과 합하는 것은 배우자로 추정할 수 있다. 丁巳대운 좌하 배우자궁에서 丁화가 투출하여 응하므로 의사에게 출가했다.

▶ 未대운 남편이 관재를 당함

己未운에 왕목이 입묘함과 동시에 己未가 일간 甲午와 합반하므로 배우자에게 불길하다. 이때 남편이 관재를 당했고 재산의 손해도 많았다.

▶ 庚申운부터 발달

수기가 부족한 가운데 금생수로 수기를 공급하니 더욱 발전한다. 기본적으로 목왕지국(木旺之局)이므로 시상편재를 사용할 수 있다. 戊토는 원국의 년한상 40대 중반에 본격적으로 작동하므로 그때부터 재물운이 좋아진다.

또 하나의 이유는 庚申금이 乙목 비겁을 乙庚합, 乙辛충으로 제어하는 것도 한 몫 한다. 甲목이 누려야할 戊토 재성을 乙목이 넘겨보는 게 흠인데, 庚申, 辛酉운에 비겁을 제거하므로 일간에게 공이 돌아가게 된다.

▶ 壬운 壬子년에 거세

壬戌대운은 시주 戊辰과 천극지충(天克地沖)을 이루고 있다. 시주의 년한에 해당하는 60세 이후 천극지충이므로 중대한 변화가 있음을 예시할 뿐만 아니라 癸수의 뿌리인 戊辰시주가 동(動)하므로 불길하다. 壬子년이 되면 대운의 천간 壬수가 세운 壬子와 응하고, 癸수가 壬子에 귀록하여 午화 식상을 충하므로 동요한다. 午화상관은 왕목을 설하는 수명성(壽命星)인데 壬운 子년에 수명성을 충하므로 목숨을 다했다고 추론해 볼 수 있다. 상관파료손수원(傷官破了損壽元: 상관이 파괴되면 수명이 상한다)는 구결에 해당한다.

[비교사주]

庚 甲 丁 己
午 戌 卯 未 乾

조화원약 해설

과갑지명(科甲之命)이다 庚丁이 모두 투출하면 풍수가 불급하더라도 영화롭다고 했다. 庚丁이 모두 투출하여 칠살을 제하고 있다. 庚금이 절지인 卯월에 태어났으므로 화로 과하게 제하면 좋지 않다. 양장목갈(陽壯木渴)하여 수의 윤택함이 없고 午戌이 회국하여 庚금이 무력하다. 다행히 북방운으로 흘러 영화는 잃지 않았다. 도화살과 홍염살이 교차하고 근토재성이 합하니 색정으로 재앙을 초래했다.

삼각산인 해설

卯월 甲목이 양인격을 이루고 시상 庚금이 투출했으니 양인가살격을 이루었다. 양장목갈(陽壯木渴)하여 수기가 부족하다. 다행히 북방운으로 흘러 영화를 잃지 않는다. 처궁과 처성이 중첩되므로 중혼지명이 된다. 일간 甲은 己와 합하고 있는데, 己토는 卯未합한 뒤 卯戌합하여 일지로 들어오므로 처가 된다. 월상 丁화는 처궁에서 투간하여 卯戌합으로 일지에 들어오므로 역시 처성이다. 색정으로 재앙을 초래한 것은 처궁이 너무 조열하기 때문이다.

일주 甲목이 년상의 근토와 합하고 있는데. 일지 戌토는 년지 未토와 戌未형을 틀고 있다. 천간의 의향과 지지의 의향이 다르므로 결혼이 불미하다. 이 사주의 처궁은 未토는 戌未형, 월지 卯목은 卯戌합, 시지 午화는 午戌합으로 지지가 모두 처궁과 관련을 지니고 있으므로 여자관계가 복잡해졌다고 할 수 있다.

戊 丙 辛 己
戌 戌 未 未 乾

건상비술 해설

지지가 모두 조토로 이루어져 금을 생부할 수가 없다. 재성은 양명(養命)의 원천인데 재성을 생조하는 근원이 없다. 복록이 두텁지 못하고 자손을 봉양하기 어렵다.

삼각산인 해설

화토가 세력을 이룬 뒤, 丙辛합으로 월상 辛금을 완전하게 제어하고 있다.(적포구조) 그러나 제압한 辛금이 무력하고 운로가 불순하므로 학력이 있어도 벼슬길에 오르지 못했다.

辛 甲 甲 丙
未 戌 午 寅 坤

조화원약 해설

수가 전혀 없는데 지지에 화국을 이루어 사목이 되었다. 庚금이 없으니 썩은 나무이다. 이런 사주는 음란하며 천박하고 남편을 형한다. 남명이었다면 상관격이라 길하다. 그러나 목이 메말라 있으니 수로 해열하지 못하면 아름답지 못하다. 여름의 목화 상관은 반드시 인수가 있어야 한다. 목왕해도 인수가 없으면 편고한 명이 된다.

삼각산인 해설

丙辛합으로 시상 辛금을 완전하게 합제하고 있지만 제압당하는 쪽이 너무 무력하므로 격이 크지 못한다. 수기가 없으므로 편고하다. 辛금이 좌하 戌중에서 투출했으므로 남편이 되는데, 화기의 과도한 극을 받아 남편에게 문제가 발생한다.

甲 甲 丙 壬
戌 辰 午 午 _乾

조화원약 해설

壬수가 출간하여 제화하고 윤토하고 목을 생하여 군장이 되었다.

삼각산인 해설

목화가 세력을 이루었다. 壬午는 자합하고 辰戌이 충하여 금수를 제압, 적포구조를 이루어 금수운에 발달했다. 壬수가 辰에 뿌리를 두어 힘이 있다. 유근(有根)한 壬수를 제압하였으므로 격국이 커진다.

辰月 甲木

난강망 원문

 三月甲木 木氣相竭 先取庚金 次用壬水 庚壬兩透
 一榜堪圖 但要運用相生 風水陰德 方許富貴

 3월 甲木은 목기가 고갈되니, 먼저 庚金을 취하고 다음으로 壬水를 쓴다. 庚金과 壬水가 같이 투출하면 지위가 높게 오를 수 있으나, 단지 운과 용신이 상생하는 것이 중요하고, 풍수의 음덕이 있으면 부귀할 수 있다.

 或見一二庚金 獨取壬水 壬透淸秀之人 才學必富 或
 天干透出二丙 庚藏支下 此鈍斧無鋼 富貴難求 若有
 壬癸破火 堪作秀才 或柱中全無一水 戊己透干 支成
 土局 又作棄命從才 因人而致富貴 妻子有能

 혹시 한 두 개의 庚金을 보면 오직 壬水를 취해야 하니, 壬水가 투출하면 청수지인이며, 재주와 학식이 풍부하다. 혹시 천간에 두 개의 丙火가 투출하고, 庚金이 지지 아래에 감추어지면 이런 것은 도끼가 도끼날이 무디거나 쇠붙이가 없는 격이니, 부귀를 구하기 어렵다. 만약 壬水·癸水가 있어서 火를 파괴하면 수재(秀才, 학교에 입학한 생원)이다. 혹시 사주 중에 한 개의 水도 전혀 없고, 戊·己가 천간에 투출하면서 지지가 土局을 이루면, 기명종재가 된다. 다른 사람으로 인해서 부귀를 취하고, 처자가 능력이 있다.

도계 선생 명리요결

청명(淸明) 초는 목기가 있고 한기가 완전히 가시지 않았으므로 화로 보온해야 청수한 격이 된다. 곡우(穀雨) 이후는 토왕절이므로 庚금이 있으면 丁화로 제련해야 한다. 庚금이 있고 丁화가 없다면 壬수로 살인상생해야 좋다. 辰월의 甲목이 庚금은 없고 토만 성하면 壬수와 甲목이 길신이 된다. 甲목으로 소토하고 壬수가 甲목을 생하기 때문이다.

1914년생 상관격

丙 甲 戊 甲
寅 子 辰 寅 乾 10

甲 癸 壬 辛 庚 己
戌 酉 申 未 午 巳

도계실관 해설

甲일주가 청명(淸明)직후에 태어나 목기(木氣)가 번성할 때이다.

목이 많고 子辰이 회국하니 목왕지국(木旺之局)으로 득세가 당당하다. 시상에 丙화가 寅에 뿌리를 두고 왕목을 설기(洩氣)하니 귀격이다. 초년 己巳운에 부귀가문에서 생장했다. 庚午운 십년은 세상에 출세하여 관직도 높았다. 辛운에 丙화를 합거하니 상처하고 가정도 불안했다. 未운에 재혼하였으나 壬申 癸운에는 불길하다. 酉운에 건강이 좋지 않으니 화가 酉에서 사지에 들기 때문이다. 격국이 길하나 운이 부족하여 발달하지 못했다.

삼각산인 해설

목화와 조토가 세력을 이루어 子辰수국을 포위하고 있으니, 양포음국이다. 辰월은 수기를 공급하는 계절로 子辰에 뿌리를 내린 활목(活木)이 丙화로 향배를 삼는다.

▶ 아내와 사별한 이유

일지 子수가 子辰회국 한 뒤 辰중 戊토가 월상으로 투간했다. 戊토 편재는 처성인데 子辰회국으로 일지에 이르므로 처가 확실하다고 할 수 있는데, 戊토는 년상 甲목의 제어를 직접 받으므로 상처(喪妻)하게 된다. 나아가 丙화는 戊토와 동궁(同宮)임과 동시에 戊토를 생하는 원신(原神)이므로 丙辛합거되면 戊토에 해당하는 육친이 상하게 된다. 두번째 부인은 甲목의 녹신인 寅에서 투간한 丙화가 된다.

▶ 화운에 발전

봄철의 甲목이 子辰회국하여 수기를 공급받는 중에 丙화를 만나 목화통명지상을 이루었다. 향배가 丙화로 정해졌으므로 남방운이 좋다. 원국의 형태를 좀더 상론하자면 목화와 조토(燥土)가 子辰을 포위하는 것이 원국의 의향이다. 금수운은 丙화가 힘을 빼앗기므로 불길하다.

1943년생 신약용인격

己 甲 丙 癸
巳 辰 辰 未 乾 4

辛 壬 癸 甲 乙
亥 子 丑 寅 卯

도계실관 해설

甲일주가 청명절에 태어나 좌하가 辰토이니 재다신약(財多身弱) 중에 뿌리가 있다. 癸수가 천간에 투출했으니 신약한 가운데 인성이 용신이다. 초년 목운에 일주를 도우며 토를 제하여 인성을 구해주는 운이므로 부귀가문에 출생했다. 壬운에 회사에 출신하여 젊어서 계장이 되었다. 癸丑,壬子,辛亥운도 길하다. 丙화가 있어 총명하지만 고관이 되기는 어렵다. 인성인 수가 일점 금의 생조를 얻지 못해 근원이 부족한 때문이다. 쌍고장이 있으니 부국이며 戌토운이 무사하면 丁未운이 불길할 것이다.

삼각산인 해설

중춘(仲春)의 목은 丙癸를 만나 수화기제를 이루어야 한다. 년월에 丙癸가 투간하여 성격되었다. 활목이 丙화를 만나 꽃을 피우니 목화통명지상으로 총명하고 사회적으로 발달한다. 辰월은 양장목갈(陽壯木渴)한 계절이므로 수기를 공급하는 것이 중요하다.

▶ 경제인이 된 까닭/ 관직에 오르지 못함

관직에 나가는 사주는 대개 인성이나 관성을 통제해야 한다. 이 사주는 辰중의 癸수가 년상으로 투간했는데 癸수 인성을 제어하는 수단이 원국에 없으므로 관직에 오르기 어렵다. 일간의 의향 역시 己토와 합하여 재성을 추구하고자 한다. 따라서 관직이 아니라 상대(商大)를 나와 기업에 취직, 경제인이 되었다. 丙화의 옆에 癸수가 투간하여 서로 간섭하고 있는 모습이(黑雲遮日:흑운차일) 아쉽다.

▶ 戌토운이 무사하면 丁未운이 불길

戌토운은 甲목일원이 착근한 辰토를 충하므로 불길하다. 甲辰일주가 봄에 태어나 辰토에 뿌리를 내렸고, 년상의 癸수 역시 辰에 근을 두어 활목이 되었다. 그런데 戌운이 와서 辰토를 충하면 甲목과 癸수의 근이 흔들리게 된다. 甲辰일주는 좌하 辰토를 충하면 일반적으로 불길하다. 丁未대운이 오면 甲목 일원에 수기를 공급하는 년상 癸수와 丁癸충을 일으킨다. 이 사주는 활목이 수화기제를 얻은 사주인데, 丁癸충으로 수기가 손상을 입으면 안 된다.

※ 참조 : 甲+癸+己+丙/乙+癸+己+丙

비조부혈(飛鳥趺穴) : 이재적인 능력이 강하고 뜻밖의 행운이 일생을 따라 다니며 성공을 거둔다. 단 癸水가 丙火 옆에 첩신(貼神)하면 `비조부혈(飛鳥趺穴)`이 성립되지 않는다.

[비교사주]

丙 甲 庚 乙
寅 申 辰 丑 乾

조화원약 해설

이 사주는 庚금은 있으나 丁화가 없고, 동남운으로 흘러 부는 있으나 귀는 작다. 이런 사주를 납속주명이라고 한다. 乙목이 庚금을 종하여 합되고 申에서 득록하여 살왕(殺旺)하니 제해야 한다. 따라서 庚금을 버리고 丙화로 용신을 삼는다. 甲일주가 丙寅시에 태어나 복성귀인이 되어 부유하고 복이 많으나 귀격은 아니다.

삼각산인 해설

甲목이 시상의 丙화 상관을 이용하여 금수를 제어하고자 한다. 천간의 庚금을 乙목 겁재로 합했으나 乙목의 근이 약해 제어가 부족한다. 寅申충이 있으나 申辰회국으로 申금이 辰토를 보고 있어 폐해가 크지 않다. 이른바 탐합망충(貪合忘沖)이다. 칠살을 완전히 제복하지 못했으므로 관직이 아니라 부로 보아야 한다. 甲목이 丙화를 만나 향배가 목화통명으로 정해지므로 동남운이 길하다.

己 甲 甲 壬
巳 子 辰 午 乾

조화원약 해설

진사(進士)출신으로 총독에 오른 사람이다 巳궁 丙戊가 용신이다.

삼각산인 해설

甲일주가 己巳시를 만나니 시지 巳화로 향배가 정해진다. 辰월 甲목이 수기를 보아 활목이 되므로 목화통명으로 발달했다. 일지 子수중에 壬수 인성이 년상으로 투간했는데, 壬수가 년지 午화와 자합한다. 년지 午중 己토가 시상으로 투한 뒤 甲己합으로 일간에 도달하는 모습이 있다.

년상의 壬수 인성을 일간이 직접 다스리므로 높은 관직에 오른다고 할 수 있다. 도계실관 癸未생 사례(P48)와 비교하면 인성의 통제 여부가 관직의 유무를 결정한다는 사례를 보여준다.

```
甲 丙 癸 癸
午 辰 亥 亥  乾
丁 戊 己 庚 辛 壬
巳 午 未 申 酉 戌
```

적천수 천미 해설

관살이 왕기를 타고 있으니 원래는 두려울 것 같으나 午시가 됨이 기쁘니 식신을 생하여 제살(制殺)하기 때문이고, 시간의 甲목은 설수(洩水) 생화하니 왕살의 절반은 인수로 화한다. 허약했던 木이 兩장생(長生)을 만나며 木根이고 하니 상하가 정협(情協)하고 속임이 없다. 자수성가(自手成家)하여 수만의 재물을 모았다.

삼각산인 해설

亥월 丙화가 조후가 선급하다. 겨울의 甲목을 丙戊로 보온하여 성격되었다. 癸수 살성을 丙화가 제복하거나 화살하지 못하므로 관직에 오르지 못한다.

巳月 甲木

난강망 원문

退氣 丙火司權 先癸後丁 庚金太多 甲反受病 若得壬水 方配得中和 此人性好清高 假裝富貴 即蔭襲顯達 終日好作禍亂 善辨巧談 喜作詩文 此理最驗 如一庚二丙 稍有富貴 金多火多 又為下格

四月 甲木은 木氣가 물러나고 丙火가 권세를 맡으니 먼저 癸水를 쓰고 이후에 丁火를 쓴다. 庚金이 지나치게 많으면 甲木이 반대로 병을 얻지만 만약 壬水를 얻으면 비로소 배합이 중화를 얻는다. 이런 사람의 성정은 청고함을 좋아하나 부귀를 가장(假裝)하는 허세가 있는 사람으로 부조의 공덕 또는 조상의 덕택으로 특별히 대우를 받아서 벼슬을 얻고 세습하여 현달하지만, 끝에 가서는 분란과 소란을 일으키기 좋아한다.

교묘한 말을 하고 시문을 짓기 좋아한다. 이런 이치는 확실하게 검증된 것이다. 예를 들어 한 개의 庚金과 두 개의 丙火가 있으면 적지만 부귀가 있다. 金이 많고 火도 많으면 또한 하격이 된다.

도계 선생 명리요결

 열기가 점차로 커지는 때이므로 癸수로 조후함이 필요하다. 국세가 습윤(濕潤)하고 庚금이 있다면 丁화가 있어서 庚금을 제련해 주고 수기를 제거해야 귀명이다. 만일 토기가 많다면 목으로 소토(疎土)시키는 게 필요하다.

1912년생 살인상생격

庚 甲 乙 壬
午 申 巳 子 乾 9

辛 庚 己 戊 丁 丙
亥 戌 酉 申 未 午

도계실관 해설

 甲일주가 입하(立夏)절에 태어났다. 시상에 庚금 칠살이 투출, 좌하와 월지에 금이 왕하므로 신약이다. 乙목 겁재가 합살하고 申子수국에 壬수가 살인상생을 한다. 신왕살왕하니 인성이 용신이 된다. 따라서 살왕운에 발달하게 된다. 丙午 丁未운은 불길하니 한미한 가정에 출생했고 申酉운에 인성이 생기하여 순로로 발전한다. 庚운에 고관이 되었다.

삼각산인 해설

巳월 甲목이 목화가 세력을 이루었다. 시상 庚금 칠살이 투간했는데 乙庚합으로 양인합살을 이루었다. 壬子는 일지 申금과 申子회국을 이루어 수기를 공급한다. 여름의 목은 수화기제(水火旣濟)를 이루어야 한다.

▶ **丙午 丁未운은 불길하니 한미한 가정에 출생**

목화상관은 수기를 만나야 한다. 巳월에 태어난 甲목이 수화기제를 이루는 모습이 길하다. 丙午대운은 년주 壬子를 천극지충(天克地沖)하고, 丁未대운은 壬수를 丁壬합거하여 수기를 제어하므로 좋지 않다.

▶ **고관이 되는 까닭**

巳월은 꽃(乙)이 지고 열매(庚)가 맺는 계절로 乙->庚의 전환이 이루어진 뒤, 庚금을 익혀가야 한다. 원국의 구조를 보면 천간은 乙庚합으로 庚금을 다스리고, 지지는 庚금의 귀록지인 申금과 월지 巳화가 巳申합하여 申금을 화로 성장시키는 모습이 구현되었다. 巳화 식신이 칠살을 다스리는 식신제살격을 이루었으므로 고관이 된다.

1913년생 하목봉수 조후격 (夏木逢水 調候格)

丙 甲 丁 癸
寅 午 巳 丑 乾2

辛 壬 癸 甲 乙 丙
亥 子 丑 寅 卯 辰

도계실관 해설

甲일주가 입하 6일 뒤에 태어났다. 丙丁이 고투(高透)하고 寅午巳가 있으니 조열하다. 년상 癸수가 丑에 뿌리를 두어 해열한다. 乙卯辰운은 성공이 없지만 癸丑운부터 주위의 조력으로 회사에서 발전한다. 戌운에 입묘하여 불길(不吉)할 것이다.

삼각산인 해설

목화가 세력을 이루어 조열하다. 甲목이 丑토에 뿌리를 내리고 癸수가 고투하니 활목이다. 여름의 목은 조후가 중요하므로 금수운에 발전한다.

▶ 회사원이 된 까닭

巳丑회국으로 금기를 이루어 癸수를 생하니 살인상생으로 볼 수도 있는데, 관직에 오르지 못하고 회사에서 발신(發身)했다. 巳월은 乙에서 庚으로 전환이 이루어지는 시기인데 아쉽게도 乙庚이 모두 천간에 투하지 못했다. 또한 癸수 인성을 일지로 끌어 들이지 못하고, 丙丁이 중복되었다. 따라서 진신(眞神)의 체계를 갖추지 못했으므로 관료가 되거나 사업가로 성공하기 어렵다.

▶ 戌운에 입묘하여 불길(不吉)

원국에 왕성한 세력을 이룬 오행이 입묘하게 되면 기본적으로 좋지 않다. 戌운이 오면 寅午戌이 회국을 이루어 입묘한다. 하나 더 언급하자면 癸수가 뿌리를 두고 있는 丑토에 주목할 필요가 있다. 癸수는 반록지인 丑토에 앉아 조열함을 해갈해 주고 있다. 그런데 戌운이 오면 丑戌형이 일어나면서 癸수의 근이 파괴된다. 따라서 戌운이 불길하다고 한 것이다.

[비교사주]

庚 甲 乙 丁
午 辰 巳 卯 乾 조화원약

조화원약 해설

庚丁이 모두 투출하여 진사의 명이 되었다. 甲목이 辰에 앉아 힘을 얻었다. 庚금의 생을 받으므로 귀격이 된다. 동북운으로 흐르면 길하다.

삼각산인 해설

巳월 甲목이 丁화가 득령하니 목화가 세력을 이루었다. 구결에 이르기를 "목화상관은 수기를 보아야 한다(木火傷官 喜見水)"고 했으므로 수기의 유무가 중요한다. 좌하 辰토에 수기가 있으나 부족한데 다행히 운로가 동북으로 흐르고 있다. 활목(活木)이 수화기제를 이루어 귀격이 되었다.

戊 甲 丁 癸
辰 子 巳 酉 乾 주석

조화원약 해설

癸수가 출간했고 巳酉와 子辰이 회국하고 있다. 癸수로 제화하고 금이 수를 생하여 주석(主席)이 되었다. 그러나 시상 戊토가 병이 되어 만년에 지도자의 자리를 잃었다.

삼각산인 해설

巳월 甲목이 상관패인(傷官佩印)이다. 년지 癸酉와 시주 戊辰이 원앙합을 이루고 있다. 천간의 구조가 유신유화유로(有薪有火有 爐:甲-丁-戊)를 이루어 성격되었다. 巳酉합을 이루어 상관이 칠살 로 변하고 癸수를 생한다.

癸수는 子辰에 뿌리를 두고 투간했는데 다시 일지로 귀록하니 살 인상생이 된다. 酉금이 인성을 생하는 근원인데 巳酉합으로 식상을 통해 통제하는 모양이 좋다. 식상과 인성으로 칠살을 통제하고 있 으므로 고관이 된다.

午月 甲木

난강망 원문

　　總之五六月用丁火 雖運行北地 不致於死 卻不利運行火
地 號曰木化成灰必死 行西程又不吉 號曰傷官遇殺 不測
災來 惟東方則吉 北方次之 此五六月用丁之說也 凡用神
太多 不宜剋制 須洩之為妙

　총괄하여 말하자면 5월·6월 甲木이 丁火를 사용하는 경우 비록 대운의 흐름이 북지로 운행하면 죽음까지 이르지는 않는다. 반대로 대운이 火地를 운행하면 불리한 것은 木이 변하여 재가 된다고 말하는 것으로 반드시 죽는다. 서방의 여정으로 운행해도 또한 불길한데, 상관이 살을 만났다고 말하며 재앙이 오는 것을 예측하지 못할 정도이다. 오직 동방만이 吉하고, 북방이 그 다음이다. 이런 것들이 오월·유월 갑목에 丁火의 쓰임을 설명한 것이다. 대체로 용신이 지나치게 많으면 극제하는 것은 좋지 않으며 반드시 그 기를 누설해야만 묘하다.

도계 선생 명리요결

여름에 수기가 고갈되므로 癸수가 있어 해열함이 필요하다. 만약 癸수가 없다면 壬수가 있어야 한다. 지지에 금기가 암장되었다면 수원이 마르지 않는 기상이니 부귀하다. 수도 없고 금도 없다면 하격(下格)에 불과하다. 수가 많으면 금을 쓰고 庚금이 왕하면 丁화를 써야 한다. 좌하에 辰토가 있으면 길하고 丑토는 차길(次吉)이다. 대개 여름의 목은 수가 있어야 귀격이다. 화토가 과열한데 또 화토 운을 만나면 빈궁하고 병이 있다.

1954년 용칠살 조후격

丙 甲 庚 甲
寅 午 午 午 乾 10

丙 乙 甲 癸 壬 辛
子 亥 戌 酉 申 未

도계실관 해설

甲일주가 망종절에 생하여 만국이 목화이며 월상에 庚금이 있으나 열화(熱火)중에 생기가 없으니 甲丙庚이 편고하다. 未운 丙午,

丁未년에 열기가 극심하여 부모가 모두 돌아가시고 백부(伯父)에게 의탁하였다. 壬申, 癸酉운 20년은 열한 국세가 윤습되므로 有子成家하겠으나 戌운에 왕화가 입고하면 불길할 것이다.

삼각산인 해설

午月 甲木이 丙火득령하니 목화왕국이다. 庚금이 너무 편고하므로 조후가 선급하다. 午月에 庚금을 익혀야하는데 년월일이 모두 화국으로 지나치게 조열하여 기신득왕(忌神得旺)하므로 조실부모했다.

▶ 조실부모의 이유

부모와 관련된 사항은 월지에서 찾아야 한다. 어머니궁인 午화와 회국한 寅에서 甲목이 투간했다. 년월의 녹신은 어머니로 볼 수 있으므로 년상의 甲목은 천록(天祿: 천간의 녹신 즉 비견을 말한다)이자 寅午회국으로 부모궁에 도달하므로 어머니이다.

甲목은 일점의 수기가 없는 중에 午화 사지(死地)에 앉아 있다. 월상 庚금이 충하고 있으므로 庚금의 년한(年限)에 해당하는 15세에서 20세 사이에 어머니가 사망함을 암시하고 있다. 아버지는 甲목과 합한 午중의 己토이다. 未운 午未가 합반 되어 未토가 작동하지 못하므로 丙午, 丁未년 午未합이 응기하여 아버지 역시 사별한다.

1919년 상관용인

```
乙 甲 庚 己
亥 寅 午 未   乾 8

甲 乙 丙 丁 戊 己
子 丑 寅 卯 辰 巳
```

도계실관 해설

甲일주가 午월 사지(死地)에 생하여 신약하나 亥未寅이 일주를 도와 태약(太弱)은 아니다. 월상 庚금을 乙庚합으로 제한 것이 길하다. 조열한 국세를 해수가 윤토생금하니 신왕살왕하여 귀격이다. 천간과 지지가 합으로 구성되어 과어유정(過於有情)으로 대성공은 없다. 천성이 인후하고 총명하여 辰운이후 초등학교 선생으로 교육에 종사했다. 시지에 亥가 장생하므로 말년에 처자덕이 있고 유복할 것이다.

삼각산인 해설

월상의 庚금이 너무 조열해서 익어가기 어렵다. 다행히 乙亥시를 만나 수기를 공급받지만 수기가 천간에 투하지 못했고 寅亥가 합해 庚금에 수기를 충분히 공급하기 어려워 보인다. 따라서 조후에 흠결이 있어 대격이 되지 못한다. 의향으로 보자면 목화가 세력을 이루어 금수를 제하고 있다. 乙庚합으로 庚금을 제하고 寅亥합으로

亥수를 제어했다. 금수를 완전히 통제했으므로 금수가 커져야 되는데 대운마저 목화운으로 향하므로 운로가 불순하다.

▶ 과어유정(過於有情)으로 대성공은 없다

사주원국에 합이 많으면 '과어유정 지무원달(過於有情 志無遠達 : 사주에 합이 많으면 큰 뜻이 없다)'이라고 한다. 천간 지지가 합하여 잘 작동하지 않기 때문에 현실에 안주하기 쉽다. 내격의 구조로 본다면 수기가 부족한 것이 흠이고, 의향으로 본다면 금수운이 오지 않으므로 흠이 있다.

▶ 辰운이후 초등학교 선생으로 교육에 종사

인성을 통제하면 관직에 오르는 경우가 많다. 이 사주는 寅亥합으로 인성을 통제하고 있지만 인성 亥수가 午월에 태어나 미약하므로 관직이 높지 않다.

[비교사주]

壬 甲 庚 己
申 辰 午 未 乾 조화원약

조화원약 해설

申辰이 회국하고 壬수가 투출했다. 午궁 丁화가 용신이고 庚금이 벽갑인정하여 대귀격을 이루었다.

삼각산인 해설

午월 甲목이 庚금이 투출했다. 壬수가 힘을 얻어 화기를 제어한다. 庚금이 시지에 귀록한 뒤 申辰회국으로 일지에 이르고 있다, 여름날의 庚금 열매가 충분한 수기를 공급받으며 익어가고 있는 모습이 구현되어 대부대귀했다. 앞의 도계실관(P65)에서 예시한 己未생 사주와는 다르게 壬수가 천간에 투간했고 辰토에 착근해 있다. 인성이 자좌장생한 중에 申辰회국으로 일지에 이르므로 관직이 높았다.

未月 甲木

난강망 원문

五六月甲木 木盛先庚 庚盛先丁 五月癸庚兩透 為上
上之格 六月庚丁兩透 亦為上上之格 用神既透 木火
通明 自然大富大貴 或丁火太多 癸水亦多 反作平人

5월·6월 甲木은 木이 무성하면 먼저 庚金을 쓰고, 庚金이 왕성하면 丁火를 먼저 사용한다. 오월에 癸水·庚金 둘 다 투출하면 상격중에 상격이 되며, 유월에 庚金·丁火 두 개가 투출하면 또한 상상지격(上上之格)이 된다. 용신이 투출하여 木火가 서로 연결되어서 밝게 빛나는 형국(木火通明)이므로 자연히 대부대귀한다. 혹시 丁火가 지나치게 많은데 癸水가 또한 많으면 반대로 평범한 사람이 된다.

도계 선생 명리요결

소서(小暑)절중에는 午월 甲목과 비슷하므로 癸수를 기뻐한다. 대서(大暑) 이후에는 토가 성하다면 수목을 병용한다. 목이 성하면 庚금을 쓰고 화가 많으면 금수를 쓴다. 만일 국세가 조열하고 금수가 부족하면 신상에 흠이 있다. 대서말에 생하여 금수가 태성(太盛)하면 삼복생한(三伏生寒)으로 나무의 뿌리가 부패하는 바, 丙화로 금을 제복하고 토를 온난하게 하면 길하다.

1904년 기인취재(棄印取財)

甲 甲 癸 庚
子 子 未 辰 乾 6

庚 己 戊 丁 丙 乙 甲
寅 丑 子 亥 戌 酉 申

도계실관 해설

甲일주가 소서중에 생하여 화기가 왕할 때이다. 살인상생으로 귀격이나 아무리 하절이지만 화가 원국에 없으므로 삼복생한(三伏生寒)이다. 申운에 가정이 대패하고 丙戌운에 와서 유산 토지가 폭등하여 부자가 되었다. 丁운도 길하며 戊운도 길하나 亥子운은 불길하다. 좋은 처를 만나며 자식도 창성할 것이다.

삼각산인 해설

未월 甲목이 금수가 세력을 이루었다. 삼복생한으로 庚금을 익히려면 丙화가 필요한다. 따라서 丙화를 갖추지 못했으므로 격을 이루지 못했다. 丙화가 오면 발전한다.

▶ 丙戌운에 부자가 된 이유

여름철의 庚금은 습기가 많으면 안 된다. 원국은 子辰회국하여 습기가 지나치게 많은 것이 병(病)인데, 丙戌운을 만나 丙화가 천간에 드러나므로 부자가 되었다.

▶ 좋은 처를 얻는 이유

未중에 己토는 처성이고 일지 子중에 癸수가 월상에 투간하여 처궁과 처성이 동주하므로 처가 된다. 甲子일 甲子시로 일시의 子수가 중첩되어 허신 午화를 부른다. 未토에 허신 午화가 午未합으로 묶이므로 처덕이 있다. 대개 허신을 불러 쓰면 그릇이 커진다.

▶ 자식 창성

자손궁은 子수이고 자식성은 년상 庚금이다. 子辰회국하여 庚금이 자손궁에 이르므로 아들로 확정할 수 있다. 庚금은 辰토에 앉아 있으므로 약하지 않다. 庚금이 未중의 丁화와 허신 午화를 통해 익어가므로 발달한다.

1907년 목화통명격 조후

乙 甲 丁 丁
丑 申 未 未 乾8

辛 壬 癸 甲 乙 丙
丑 寅 卯 辰 巳 午

도계실관 해설

甲일주가 대서(大暑)말에 생하였으므로 토기가 왕성하고 丁화가 투출하니 조열하다. 좌하 申금이 丑토에 습기를 얻어 용신이 된다. 월건 재성에 천월덕이 겸전하니 처자궁이 길하다. 巳운중에 금이 장생되므로 상업성가했다. 辰癸운은 왕성하고 卯운은 분주하다. 壬운에 득리(得利)하고 寅운에 용신을 충하여 손재와 병액이 있었다. 辛丑庚운은 복인의 가정이요 子운은 용신의 사지이므로 불길할 것이다.

삼각산인 해설

未월 甲목이 목화와 조토가 세력을 이루었다. 일지 申금이 丑토로 입묘하는데 未토가 丑未충으로 제어하는 모습이 있다. 조후로 본다면 조열한 甲목이지만 丑중 癸수의 생조를 얻어 습윤하니 활목이 되어 수기를 공급해야 한다. 일시에 길신을 두었으므로 처자궁이 길하다.

▶ 巳운에 상업성가

未월은 庚금을 익히는 계절이다. 좌하 申중에 庚금이 있으니 처자가 길하다. 巳운에 巳申합, 巳丑합이 일어나 申금을 화로 익히므로 상업성가한다. 辰癸운은 조후하여 길하다.

▶ 寅운에 용신을 충하여 손재와 병액이 있었다

년한상 45세 이후 乙목이 작동하므로 겁재의 폐해가 있다. 申금이 丑토에 입묘한 뒤 丑未충으로 제어 되어야 하는데 寅申충이 일어나면 申금이 丑토에 들어가지 못한다.

▶ 壬운에 득리(得利)

壬운이 오면 申중에 壬수가 투간하여 丁화와 합하므로 申금이 완전하게 제어된다. 또한 壬수는 국중의 조열함을 해갈해주는 조후의 길신이기도 하다.

▶ 子운은 용신의 사지이므로 불길할 것이다

원국이 수기를 기뻐하는데 子운이 불길하다는 도계선생님의 설명은 선뜻 이해하기가 쉽지 않다. 원국은 목화와 조토가 세력을 이루는 중에 丑토를 丑未충으로 제어하고 있다. 그런데 子운이 오면 子丑합이 일어나 丑未충을 할 수 없으므로 원국의 의향에 반하게 된다.

[비교사주]

```
戊  甲  乙  辛
辰  戌  未  巳  坤
```

조화원약 해설

결혼을 세 번이나 했으나 자식을 낳지 못했다. 辛금 부성(夫星)이 투간하고 화토가 조열하다. 인수가 관을 보호하지 않고 辰궁 癸수가 입묘했으나 戊토가 극하여 자식을 두지 못했다.

삼각산인 해설

목화와 조토가 세력을 이루어 辛금과 辰토를 제압했다. 년상 辛금은 득세한 巳중 丙화와 자합했고, 시지 辰토는 辰戌충으로 제압당한다. 조열한 가운데 유일한 습기인 辰중 癸수가 일시상충으로 깨어졌다. '과어조열(過於燥熱)이면 희손(希孫)'이므로 후사를 두지 못했다.

구결

과어조열(過於燥熱)이면 희손(希孫) : 너무 조열한 사람은 자손을 두기 어렵다.

申月 甲木

난강망 원문

七月甲木 丁火為尊 庚金次之 庚金不可少 火隔水
不能鎔金 故丁火鎔金 必賴甲木引助 方成洪爐 若有
癸水阻隔 便滅丁火 壬水無礙 且能合丁 但須見戊土
方可制水存火

7월 甲木은 丁火를 중히 여기고 庚金이 그 다음이니 庚金이 적어서는 안 된다. 火가 水로 인해 막혀서 庚金과 떨어지면 金을 녹일 수 없으므로 丁火가 金을 녹이려면 반드시 甲木이 도와주는 것에 의지해야만 비로소 용광로를 이루게 된다. 만약 癸水가 막아서 甲木과 丁火가 떨어지면 곧바로 丁火를 소멸시키게 되고, 壬水는 장애가 없지만 또한 丁火를 합할 수 있으니 반드시 戊土를 보아야 한다. 그래야 비로소 水를 制하고 火를 보존할 수 있다.

도계 선생 명리요결

목기가 노쇠하기 시작하는 시기로 마른 가지를 자르고 목의 근원을 배양해야 한다. 천간에 丙丁화가 있고 지지에 수가 암장되면 지기는 윤습하고 천기는 온화하므로 부귀겸전한다. 가을의 목은 천간에 庚금이 투출하고 丁화가 있으면 귀격이다. 금이 많고 丁화가 없는데 癸수가 있으면 살인상생이다. 귀격이지만 국세가 청량(淸涼)하므로 재물이 부족하다. 가장 꺼리는 것은 戊己토니 丁화를 쓰는 경우에는 戊己토가 화력을 누설, 불이 어두어지므로 불길하다. 癸수를 쓰는 경우에는 戊己토가 성하면 수기를 상하므로 빈천하지 않으면 단명하는 하격이다.

1919년 식신조후격

丙 甲 壬 己
寅 辰 申 未 乾 4

丙 丁 戊 己 庚 辛
寅 卯 辰 巳 午 未

도계실관 해설

甲목 일주가 금왕절에 출생했으니 신약하다. 그러나 시지에 귀록하고 申辰회국한 가운데 壬수가 투간하니 약한 듯 하지만 약하지 않다. 가을의 목은 마른 가지를 잘라내고, 수기가 지지에 있으면 길하다. 또 화로 조후하면 땅은 습기가 있고 천기는 온화한 격이 된다. 己巳운에 제습하니 조년 출세했다. 戊운도 길하다. 辰운은 좌천했지만 丁卯丙운에 연속 길할 것이다. 좌하재고(坐下財庫)이니 처궁도 좋고 수명도 높을 것이다.

삼각산인 해설

목화가 세력을 이루어 금수를 제어하고 있다. 목화가 금수를 감싸서 제어하는 양포음국의 모습이 있다. 甲목이 辰토에 착근, 활목이 되었으므로 시상의 丙화로 향배를 삼다.

▶ 己巳운에 제습하니 조년 출세

본래 申월은 丙화로 庚申금을 익혀야 하는 계절이다. 원국에 庚금이 투간하지 않은 것이 아쉬운 중에 己巳운을 만나 巳申이 합하여 申금을 익히므로 조년 출세했다.

▶ 辰운은 좌천했지만 丁卯丙운에 연속 길함

화토로 인성을 제어하고자 하므로 조년에 남방화운을 만나 발달한다. 申辰회국으로 인성이 일지에 이르므로 관직을 얻는다. 申월은 대개 壬수를 화토로 제어해야 발달한다.

1906년 인수격

己 甲 丙 丙
巳 辰 申 午 乾 7

壬 辛 庚 己 戊 丁
寅 丑 子 亥 戌 酉

도계실관 해설

甲일주가 처서절에 생하므로 노목(老木)이다. 지지에 巳午가 있으니 국세가 중화되었다. 약한 甲목이 辰토에 착근하여 申辰이 회합수국 한다. 甲목의 본성은 수근을 기뻐한다. 丁酉운은 금생수하여 길하고 戌운에 甲木의 뿌리인 辰토를 충하는데, 丙寅년에 寅申충이 일어나 어머니와 사별했다. 己亥운에 면서기로 채용되어 근면성가했다. 寅운은 살인상생하는 월지를 충하므로 재산상의 실패가 있으며 卯운은 인성 수가 사지에 들게 되므로 생명이 위태할 것이다.

삼각산인 해설

목화가 세를 이루어 申辰을 포위하고 있다. 申월 甲목이 辰토에 착근했으니 활목으로 조열한 국세를 해갈해야 한다. 따라서 금수운에 발달한다.

▶ 공직에 근무한 이유

申辰이 회국하여 살성을 인성으로 화(化)함과 동시에 관성을 일지로 끌어들이고 있다. 시지 巳화는 월지 申금을 巳申합으로 제어하고 있다. 다만 庚금이 투간하지 못하여 지위가 높지 못하다.

▶ 어머니가 돌아가심

모궁인 월지 申과 辰토가 회합했으니 辰중 癸수가 어머니이다.

戌운 丙寅년 모성과 모궁을 충하니 어머니가 돌아가셨다.

▶ 寅운의 재정적 실패

壬寅대운은 월주 丙申과 천극지충(天克地沖)이다. 월지 申금을 충하고 시지 巳화를 형천한다. 寅巳천으로 식상인 丙화와 巳화의 작용이 무너진다. 巳화는 식상인 丙화의 녹지이자 戊토 재성의 녹지이므로 재정적으로 어려워진다.

[비교사주]

丁 甲 丙 丙
卯 寅 申 午   乾 시랑(侍郞)

조화원약 해설

丙丁이 잡란하여 병이 있는데, 庚금을 용신으로 삼아 戌운에서 거듭 승진한다. 庚운에서 시랑이 되었다. 시상 양인을 申중 庚금으로 제어해야 하는데 庚금이 당령하여 귀격이 되었다. 丙丁이 나란히 출간하여 심하게 제살하나 戌운에서 인수를 파하며 식상을 설하니 살을 생하여 청운의 뜻을 이루었다.

삼각산인 해설

申月 甲木이 목화가 세력을 이루어 申금을 완전히 제어하고 있다. 甲寅일주는 스스로 체가 되어 재관을 취하고자 하므로 卯申합으로 양인가살을 이루어 귀격이 되었다.

▶ 위의 丙午생과의 그릇차이

도계실관의 丙午생 甲辰일주(P78)는 내격으로 수기를 공급해야 하는 사주이고, 조화원약의 甲寅일주는 寅申충으로 申금을 제어하는 사주이다. 금수가 커지면 발전한다.

乙 甲 甲 乙
亥 子 申 未 乾 효렴(孝廉)

조화원약 해설

辰운에 재앙을 만났다. 子申이 회국하고 수왕하여 庚금이 설기된다. 재를 용신으로 삼아 인수를 파하지 않으면 안된다. 辰운에 수국이 모여 재앙을 당한 것이다.

삼각산인 해설

申月 甲木이 지지에 금수가 왕하다. 申월은 丙화로 庚금을 익히는 계절이므로 수왕함을 꺼린다. 초년에 대운이 남쪽으로 향하므로 효렴이 되었으나 辰운에 申子辰 삼합수국을 이루어 재앙을 당했다.

원국의 구조를 보면 다대일의 구조로 월지 申금을 申子회국으로 일간이 취하고 있다. 辰운이 오면 申子辰이 삼합회국하여 원국의 의향이 변질되므로 재앙을 입었다.

乙 甲 戊 丁
亥 申 申 酉 乾 대학사

조화원약 해설

戊토가 壬수를 제하여 庚금 칠살의 기가 설하지 못한다. 丁화를 취하여 상관가살이 되었다. 남방운으로 흘러 대학사가 되었다.

삼각산인 해설

申월 甲목은 화토로 庚금을 익혀가는 것이 명리의 대요이다, 천간에 丁戊가 투간하여 유신유화유로(有薪有火有爐:甲-丁-戊)를 이루었다. 지지의 금수를 다스리고자 하는 중에 월일의 申금이 巳화 허신을 불러 戊토의 녹을 삼았다. 남방운으로 흐르므로 대학사가 되었다. 왕금이 亥수를 생하는데, 일간 甲목이 亥중에 통근하고 있다. 亥수 위에 겁재 乙목은 자좌사지(自坐死地)에 있고 일간은 통근했으므로 겁재의 폐해로부터 비교적 자유롭다. 왕살이 인성을 생하고 인성을 일간이 통제하고 있는 다대일의 구조이므로 대격이다.

酉月 甲木

난강망 원문

八月甲木 木困金旺 丁火爲先 次用丙火 庚金再次
一丁一庚 科甲定顯 癸水一透 科甲不全

8월 甲木은 목기가 곤궁하고 金氣가 왕성하므로 丁火를 우선으로 삼고 다음으로 丙火를 사용하며 庚金은 그 다음이다. 한 개의 丁火와 한 개의 庚金이면 科甲은 틀림없지만, 癸水가 한 개라도 투출하면, 科甲은 이루어지지 못한다.

丙庚兩透 富大貴小 丙丁全無 僧道之命 丙透無癸
富貴雙全 有癸制丙 尋常之人

丙火·庚金이 둘 다 투출하면 재물은 크지만 명예(貴)가 작으며, 丙火·丁火가 전혀 없으면 승도의 명조이다. 丙火가 투출하고 癸水가 없으면 부귀가 쌍전하지만, 癸水가 있어서 丙火를 제하면 평범한 사람이다.

도계 선생 명리요결

금기가 강한 때이므로 목의 세력이 극히 약하다. 강한 금을 극제할 丁화가 가장 길하고 丙화는 차길이다. 丁화는 금을 단련하고 丙화는 조후하는 까닭이다. 만약 丁화와 庚금이 하나씩 있으면 부귀할 격이지만 癸수가 천간에 투출하면 丁화를 극제하기 때문에 불리하다. 丙화와 己토가 투간하고 지지에 수기가 암장되면 노년에 부유하고 안락하다.

1918년 정관격

乙 甲 辛 戊
亥 子 酉 午 坤2

乙 丙 丁 戊 己 庚
卯 辰 巳 午 未 申

도계실관 해설

甲일주가 백로(白露)에 생하여 목기가 극쇠하다. 그러나 乙목이 고투하고 亥子가 地支에 있으니 弱木이 도리어 旺해졌다. 여명은 관성이 중요하니 정관격에 재성이 유력하고 午화로 통기(通氣)해 주고 있으므로 흠이 없는 복부(福婦)이다. 가을철에 金水가 차가우므로 火土운에 발달했다. 未운에 결혼하여 戊午丁운에 남편이 출세했다. 巳丙운도 길하나 卯운 이후로는 불길할 것이다.

삼각산인 해설

酉월에 辛금이 득령하여 금수왕국을 이루었다. 백로이후의 辛금은 수기를 만나 도세해야 하는데, 일시에 수기를 갖추어 성격되었다. 년지에 午화를 만나 가을 물을 따뜻하게 조절해주므로 중화지명이다.

▶ **未운에 결혼하여 戊午丁운에 남편이 출세했다**

남방운을 만나 한기를 조후하므로 남편이 발달했다. 시상에 乙木 겁재를 관성이 충거하여 격국이 높아졌다. 辛금 관성이 자좌 녹지에 통근한 뒤 亥子수를 만나 수의 근원이 되고 있다.(以金發水) 더불어 시상 乙목 겁재를 관성 辛금이 乙辛 충으로 충제 하는 모습이 귀하다. 관성이 겁재를 제어하는 용도가 있으므로 남편이 좋다.

1892년 재다신약 용인격

戊 甲 己 壬
辰 辰 酉 辰 乾 10

乙 甲 癸 壬 辛 庚
卯 寅 丑 子 亥 戌

도계실관 해설

甲木일주가 팔월에 출생하고 간지에 중중한 토성이 금을 생하니 극약한 목이다. 추운 계절이지만 신약재다하므로 壬수가 용신이 된다. 庚운은 길하나 戌운은 토가 성하여 일주가 더욱 약해진다. 수기가 있으므로 신상에 해는 없고 부모가 돌아가셨다. 辛운부터 壬수가 생기되어 가세가 점차 발전했다. 亥운은 더욱 길하니 壬子 癸丑운은 가정이 창성했다. 甲寅 乙卯운은 병(病)이 되는 토를 목이 소토(疎土)해주므로 길운이니 이때 부유해진다. 그러나 원국에 일점 화가 없어 귀는 못한다. 심성이 인후하며 辰운에 거세했다.

삼각산인 해설

酉월 甲목이 토가 너무 많다. 酉월은 辛금을 壬수로 설기해야 귀해지는데 토가 많아 壬수가 제극 받으니 귀가 없다. 북방운은 酉금을 壬수에 설하므로 발전하고 甲寅乙卯는 왕토를 극제하여 유병득약(有病得藥)한다.

▶庚戌대운 부모 돌아가심

庚戌대운은 일주 甲辰과 천극지충(天克地沖)하므로 일신상에 응기(應機)가 있다. 아버지는 편재성인데 년지 辰토가 월지 酉금과 합하는 중에 戊토가 시상으로 투간했으니 아버지이다. 어머니는 戊토와 합하는 辰중의 癸수이다. 戌운은 辰戌충함과 동시에 월지 酉금을 酉戌천하여 辰酉합을 깨버린다. 부모궁과 부모성이 충(沖)과 천(穿)으로 무너져 부모를 잃게 된다.

▶ 辰酉쟁합의 문제

다수의 辰토가 酉금을 생하는 다대일의 구조를 가지고 있다. 酉금을 辰토로 합하는 모습이 좋은데 년지 辰토와 일지 辰토가 쟁합하므로 아쉽다. 辰酉합의 방향이 일관되지 못하여 귀기가 없다.

[비교사주]

丙 甲 己 壬
寅 辰 酉 戌 乾 정관격

乙 甲 癸 壬 辛 庚
卯 寅 丑 子 亥 戌

명리요강 해설

甲일주가 酉월에 태어났다. 천간에 壬수가 있고 좌하에 辰이 뿌리가 되고 시에 寅이 있으니 약하지 않다. 丙화가 寅에 뿌리가 있어 온수생목한다. 마른 가지를 잘라야 하므로 월건 酉금 정관이 용이 되며 丙화가 己토를 보아 酉금을 극하지 못하고 도리어 금을 생하리니 기신이 반위복신이라. 한온이 조후하여 금수운이 길하고 寅卯운은 酉금이 절이 되고 충이 되어 불길하다.

삼각산인 해설

도계실관에서 예시한 壬辰생 사주(P86)와 다르게 辰酉합의 방향이 일관되어 있다. 따라서 壬戌생 사주가 훨씬 유복하다.

丙 甲 辛 癸
寅 申 酉 未 乾 안휘성 주석

조화원약 해설

丙辛이 떨어져 있어 합반되지 않고 癸수가 丙화를 상하지 않아 주석에 이르렀다.

삼각산인 해설

辛금이 득령하여 금왕지국을 이루었다. 丙화가 丙辛합으로 왕금을 제어하고 있다. 식신으로 관성을 제하므로 남방운에 안휘성 주석에 이르렀다. 일시상충이 흠이다. 甲寅대운 일간의 녹신이 충을 만나 사망했다.

己未대운 말 1911년 신해혁명에 가담.

戊午대운 午대운 戊午년(1918) 산시성 성장.

丙대운 초 癸酉년(1933)에 안휘성 주석

丙辰대운 丁丑년(1937) 주석직에서 해임

甲寅대운 丙申년(1956) 사망

戌月 甲木

제1부 甲목 일주

난강망 원문

　九月甲木 木星凋零 獨愛丁火 壬癸滋扶 丁壬癸透 戊己亦透 此命配得中和 可許一榜 庚金得所 科甲定然

　9월 甲木은 목성이 시들어 떨어지므로 오직 丁火를 좋아하고 壬水·癸水가 적셔서 도와주어야 한다. 丁火·壬水·癸水가 투출하고 戊土·己土가 또한 투출하면, 이런 명조는 배합에서 中和를 얻었으니, 가히 벼슬을 할 수 있다. 庚金이 제자리를 얻으면 科甲은 반드시 이루어진다.

　或四柱木多 用丙用丁 皆不足異 尙用庚金爲妙 凡四季甲木 總不外乎庚金 譬如木爲犁 能疏季土 非庚金爲犁嘴 安能疏土 雖用丙丁 癸庚決不可少也

　혹시 사주에 木이 많으면, 丙火를 쓰거나 丁火를 쓰거나 다를 것이 없고, 단지 庚金을 사용할 경우만 오묘하게 된다. 대부분의 四季의 甲木은 庚金을 소홀히 할 수 없다. 가령 木이 밭을 가는 보습이라고 할 때 季土를 갈아서 엎을 수 있는데 庚金이 보습의 부리가 되지 않으면 어떻게 흙을 갈아엎을 수 있겠는가? 그러므로 丙火·丁火를 사용해도 癸水와 庚金이 결코 적을 수 없다.

도계 선생 명리요결

단풍드는 계절이므로 목기가 무력하다. 토다하면 비겁으로 소토해야 하고 癸수가 있으면 부유하다. 목왕하면 庚금을 써야 하는데 丁화가 희신이 된다. 목이 성한데 庚금이 없으면 빈곤하고 지지에 금기가 암장되었으면 격이 작다. 丁壬癸가 유정(有情)하면 중화지명으로 안락한 일생을 산다.

1922년 제살격

丙 甲 庚 壬
寅 戌 戌 戌 乾2

丙 乙 甲 癸 壬 辛
辰 卯 寅 丑 子 亥

도계실관 해설

甲일주가 상강(霜降)절에 태어났으니 쇠약한 나무이다. 그러나 시지 寅木에 귀록하니 태약(太弱)을 면했다. 戌중에 유근(柳根)한 庚금 칠살이 투간하니 壬수로 화살(化殺)할 듯 하지만, 뿌리가 없어 시상 상관으로 제살해야 한다. 초년인 亥子丑운 20년이 불길했다. 甲寅乙卯 20년에 재물과 명예가 창성했다. 丙운도 길하나 辰운은 丙화를 회화(悔禍)하고 토생금하므로 불리하다. 이 운을 넘긴다면 午운에 甲목이 死地에 들므로 불길할 것이다.

삼각산인 해설

화와 조토가 세력을 이루어 금수를 제어하고자 한다. 년상 壬수는 丁壬자합하였으나 월상 庚금을 제어할 수단이 없으므로 火土운이 길하다.

▶ 초년인 亥子丑운 20년이 불길했다

목화와 조토가 세력을 이루었고, 월상 庚금과 년상의 壬수는 무력하다. 년상의 壬수는 戌토 위에 앉아 丁壬합으로 제어되었으나 월상의 庚금만이 제어되지 못했으므로 대운을 기다려 제어해야 한다. 이른바 용강사약(用强舍弱)이다. 亥子丑운은 원국의 의향과 어긋나므로 불우했다. 이런 형태를 『적천수 천미』에서는 "강중이적과자. 세재거기과(强衆而敵寡者. 勢在去其寡: 세력을 이루고 있으면 힘이 약한 것을 제거해야 한다)"고 한다. 甲寅운에 들어와 庚금을 제어하므로 발전하기 시작한다.

*『적천수 천미』원문 : 중과(衆寡)

>   强衆而敵寡者 勢在去其寡
>   强寡而敵衆者 勢在成乎衆

강한 것이 '무리를 이루고 적이 약하면 세력이 그 적을 제거하는 데 있다. 강한 것이 '약'하고 적이 무리를 이루고 있으면 세력은 무리를 돕는 것에 있다.

*진소암의『적천수 집요』: '강중이적과자'에 대한 주석

>   抑强扶弱者常理 用强捨弱者元機

강한 신을 억제하고 약한 신을 보조하는 것은 상리(常理)이고, 강한 신을 쓰고 약한 신을 버리는 것은 현기(玄機)이다.

1907년 제살태과

丙 甲 庚 丁
寅 寅 戌 未 乾 7

甲 乙 丙 丁 戊 己
辰 巳 午 未 申 酉

도계실관 해설

甲일주가 구월 쇠지(衰地)에 생하였으나 일시에 귀록하니 약이반왕(弱而反旺)이다. 庚금 칠살이 투간하였으나 만국(滿局)이 조열하고 습기(濕氣)가 없으니 천격(賤格)이다. 己酉, 戊申운은 부모덕에 의식이 족했다. 丁운부터 패가하여 丙午운에 상처(喪妻)했다. 乙巳 甲운도 빈천한 생활을 면하지 못했고, 辰운에 왕화 고장(庫藏)을 충하니 목분비회(木焚飛灰)하여 사망했다.

삼각산인 해설

戌월 甲목이 화련진금(火煉眞金)을 이루어 庚금으로 목을 다스리고자 한다. 甲목은 일점의 수기를 보지 못한 사목이므로 庚금으로 다듬어야 한다. 庚금이 수기를 얻지 못해 지나치게 조열하므로 제살태과이다.

▶ 丙午운에 상처(喪妻)

甲목의 좌하 寅목은 월지 戌토와 寅戌회국을 하는데, 戌중에서 丁화가 투간했다. 따라서 년상의 丁화가 첫 번째 배우자로 보인다. 丁화는 未에 앉아 있는데 년월이 戌未형을 틀고 있으므로 상처할 것을 예시하고 있다. 상처(喪妻)가 丙午운에 응한 것은 午운이 오면 丁화의 녹신 午화가 午未합하여 일지와의 연결이 끊어지기 때문이다. 육합은 삼합에 우선하는 연고이다. 도계 선생님의 기록에는 두 번째 결혼에 대한 언급은 없지만, 일지 寅목에서 丙화가 시상에 투했으므로 시상의 丙화는 아마도 두 번째 부인이었을 것으로 추정한다.

▶ 壬戌생과 丁未생의 차이점

도계실관의 앞 명조 壬戌생(P93)과 구조적으로 비슷해 보이나 壬戌생은 용강사약하여 화토운이 좋았고, 丁未생은 윤습하여 수기가 부족하므로 화토운이 불운했다. 기본적으로 壬戌생은 수기를 얻었고, 丁未생은 수기를 얻지 못했다는 점을 주목해야 한다. 한발 더 들어가서 논하자면 壬戌생은 甲戌일주로 화토로 세력을 얻어 庚금을 제압하지만, 丁未생은 甲寅일주이므로 일주가 체가 되어 재관을 다스리려는 근본적인 차이점을 기억해야 한다. 丁未생의 경우 월상에 투간한 庚금이 戌未형으로 庚금의 근이 끊어져 있는 점도 파격의 모습이다.

[비교사주]

庚 甲 壬 戊
午 辰 戌 午 _乾

조화원약 해설
재왕하여 살을 생하고 庚丁癸가 중화되어 부귀격을 이루었다.

삼각산인 해설
庚금이 투하고 화왕하니 화련진금(火煉眞金)의 모습이 있다. 午戌이 회국하여 庚금을 제련한다. 화토가 세력을 잡아 금수를 제어하고자 하므로 부귀한다. 천간에 壬수가 투간하여 수기(水氣)가 있으므로 도계실관에 예시된 丁未생 사주와 다른 구조를 갖는다.

壬 甲 庚 丁
申 辰 戌 亥 _乾

적천수 천미 해설
甲목은 휴수가 이미 지극하고 庚금이 록이 왕하여 그것을 극하는데 한 점 丁화로는 상대하기가 어려우며 거기에 두 財가 살을 생하는 것을 더하니 살이 중하고 身이 경한 듯하나, 9월의 甲목은 나아가는 기(進氣)이며, 壬수가 身에 바짝 붙어 상생하고 丁화를 손상하지 않음을 알지 못하는 것이니, 丁화는 비록 약하지만 身의 고에 통근하니 戌은 곧 조토(燥土)로서 화의 뿌리이고, 辰은 습토로서 목의 여기이다. 천간은 하나는 생하고 하나는 극제하며, 지지는 또 장생을 만나서 사주가 생화유정하고 오행이 서로 다투거나 시기하지 않는다. 丁운에 이르러 과거에 연달아 급제했으니 화를 써서 살을 대적한 것이 분명하다. 이에 오래도록 서울에 있는 관직을 맡아 벼슬의 바탕이 풍후한 것이 모두 한 길의 남방운이었다.

삼각산인 해설

戌월 甲목이 甲庚丁이 투출하여 화련진금을 이룬다. 남방운에 제련하여 관록이 풍후하다. 과거합격후 한림원 벼슬을 했다. 수기를 갖추었다.

亥月 甲木

난강망 원문

　十月甲木 庚丁為要 丙火次之 忌壬水泛身 須戊土制之 若庚丁兩透 又加戊出干 名曰去濁留淸 富貴之極 即乏丁火 亦稍有富貴 或甲多制戊 庚金無根 平常人也 庚戊若透 雖出比劫 必定富而壽

　10월 甲木은 庚金·丁火가 중요하며 丙火가 그 다음이다. 壬水가 넘쳐서 몸을 덮치는 것을 두려워하므로 반드시 戊土가 그것을 制해야 한다. 만약 庚金·丁火가 함께 투출하고, 또한 戊土가 천간에 나타나서 가세하면 이름하여 탁함을 제거하고 깨끗함이 남는다(去濁留淸)고 하니 부귀가 극에 이른다. 그런데 丁火가 부족하면, 역시 적은 부귀가 있을 뿐이다. 혹시 甲木이 많아서 戊土를 制하면, 庚金이 뿌리가 없어지므로 평범한 사람이다. 庚金·戊土가 함께 투출하면 비록 비겁이 나타나도 반드시 재물이 있고 오래 산다.

도계 선생 명리요결

　비록 장생지이지만 한습한 계절로 丙화로 조후하고 戊토로 한기를 제거해야 한다. 庚금이 있으면 丁화로 제련해 귀명이다. 수가 왕하면 戊토가 투출했다해도 지지에 午未戌 등이 있어서 온난한 기운을 도와야 중격(中格)이 된다.

1923년 시상일위귀격

庚 甲 癸 癸
午 午 亥 亥 坤 7

己 戊 丁 丙 乙 甲
巳 辰 卯 寅 丑 子

도계실관 해설

甲일주가 장생지지에 생하고 일시에 午화가 보온한다. 조후로 보면 목화운이 길하겠지만 여자는 관성이 중하므로 시상 庚금이 용신이다. 庚금이 패지에 있으며 수왕절에 뿌리가 약하다. 丑운에 금을 도와 일남일녀를 출생했다. 丙丁운에 재물손실이 많았으니 庚금을 丙丁화가 극하기 때문이요, 寅卯에 금이 절지에 임하기 때문이다. 戊辰己운에 약금이 생기를 만나 남편이 영달하며 재산이 풍족하다. 巳운은 庚금이 장생이니 또한 길하며 午운은 庚금 용신이 패(敗)지에 임하며, 다시 극함을 받으니 불길할 것이다.

삼각산인 해설

亥월 甲목이 癸수가 득령하여 수왕지국을 이루었다. 인성이 중하고 살성이 약하므로 인중살경(印重殺輕)하여 庚금을 돕는 운에 발전한다. 亥월은 庚금을 丁화로 제련하는 계절이므로 庚금이 왕해야 좋다.

▶ 남편의 출세

시상의 庚금 편관은 午화에 앉아 있다. 시주 午화는 일지 午화와 복음으로 응하므로 庚금을 남편으로 확정할 수 있다. 戊辰己운에 남편이 출세한 것은 약한 금을 토생금으로 돕기 때문이다. 또한 왕수를 戊토가 방제(防堤)했기 때문이다. 亥월의 甲목은 丙丁화로 조후하고 戊토로 보온해야 한다. 일시에 午화를 갖추었으나 戊토가 없으므로 戊辰대운에 좋았다고도 할 수 있다.

▶ 丙丁운 재정상 손실

亥월은 庚금으로 마른 가지를 잘라내는 계절이므로 화련진금(火煉眞金)이 일어나야 한다. 그런데 庚금이 午중에 앉아 무근한데 화운이 와서 과도하게 庚금을 극하므로 재정상의 손실이 있다. 여명은 이관위중(以官爲重)으로 남편성의 희기가 영향을 준다고 할 수 있다.

[비교사주]

乙 甲 癸 癸
丑 午 亥 亥 乾 진사

조화원약 해설
오직 午궁의 丁己가 용신이다. 상관생재격이 되었다.

삼각산인 해설
동목(冬木)이 한목향양해야 하므로 좌하의 午火로 조후하고 있다. 한가지 주의해야 할 것은 시상 乙목 겁재가 제어되지 않았는데 어떻게 귀격을 이루는가에 대한 의문이다. 亥월은 乙목의 사지이므로 겁재의 힘이 매우 약하다는 것을 감안해야 한다. 이른바 양생음사(陽生陰死)의 이치이다. 아래 예시한 부윤(新安伯)의 경우도 동일하다.

```
乙 甲 癸 戊
亥 子 亥 辰   乾 부윤(新安伯)
```

조화원약 해설
천간의 戊토가 수의 흐름을 막고 있으니 육갑추건격(六甲趨乾格)이 되어 부윤(府尹)이 되었다. 亥는 건궁인데 육갑일이 亥월 亥시에 태어나면 추건격이라고 한다. 천간 戊토가 수를 막고 있어 용재손인(用財損印)한다.

명리정종 해설
甲일생으로 亥월에 생하여 亥시를 얻으니 육갑추건격(六甲趨

乾格)이요 귀격이다. 그러나 재성이 출현하니 귀기가 감한 듯하나 지지에 인수가 많으므로 성격한 것이다. 寅운은 불리하고 巳운은 亥를 충하므로 사망하였을 것이다. 생래로 부귀한 복록이었다.

삼각산인 해설

亥월 甲목이 癸수가 득령하여 수왕하다. 戊토가 투간하여 戊癸합하니 왕수를 막아준다.

庚 甲 丁 乙
午 戌 亥 未 乾 장군

조화원약 해설

戊辰시라고도 하나 자세히 살펴보면 己巳시나 庚午시가 맞다. 만일 庚午시면 귀격이고 살인(殺印)이 멀리서 합하니 무직으로 나가면 길하다. 대운도 역시 합한다. 未운인 丁丑년 일년에 거듭 세 번 승진하여 주석이 되었다.

삼각산인 해설

亥월 甲목이 甲庚丁이 모두 투하여 진신을 갖추었다. 乙庚이 합하여 양인가살(羊刃駕殺)을 이루었으므로 무직(武職)으로 나가야 길하다. 목화가 세력을 이루어 금수를 제하고자 한다. 乙庚합 午未합을 이루어 년시가 상응하고 있다. 수왕지절이므로 수기의 제어가 완전하지 않으므로 목화운이 길하다.

甲 甲 癸 戊
子 午 亥 子 乾

조화원약 해설

戊토가 수를 막고 丁화가 午에 암장되어 있다. 丙寅운과 丁卯운에 군인이 되었고 공덕을 쌓아 백작이 되었다.

삼각산인 해설

亥월에 태어난 甲목이 戊토가 투간하여 인성을 戊癸합으로 제압하고 있다. 왕수를 제어하는 상신(相神)이 년에 있는 것이 좋다. 子午가 충하는 것이 흠이지만 午亥암합으로 정충을 피하고 있다.

1899년 목화상관격 조후격

丙 甲 乙 己
寅 辰 亥 亥 乾 8

己 庚 辛 壬 癸 甲
巳 午 未 申 酉 戌

도계실관 해설

亥월 甲목이 장생지에 태어나 시에 귀록하니 당연히 신강이다. 丙화가 寅에 장생하여 조후하며 왕목을 설해주는 길신이다. 40세 이전의 금수운에는 고생이 많았고, 未운부터 도시 활동을 시작해서 명예직도 지내게 되었다. 남방운에 화가 세력을 얻으므로 재산도 축적했다. 좌하에 재고가 있음이 더욱 기묘하다. 辰운에 습토가 힘을 얻으니 丙화가 빛을 잃는다. 71세 己酉년 세상을 떠났다.

삼각산인 해설

亥월 甲목이 시상에 丙화 식상을 보았으니 목화통명을 이루어 남방운에 발달한다. 亥월의 甲목은 丙화로 조후하고 戊토로 덮어주는 것을 요체로 한다. 시지 寅중에 丙戊가 장생하니 40대 이후 발전했을 것으로 보인다.

▶ 관직에 나가지 못하고 명예직에 그친 이유는?

관직에 나가려면 관성이나 인성을 제압해야 한다. 이 사주는 관성이 원국에 없을 뿐만 아니라 인성을 제압하는 모습이 보이지 않는다. 년월의 亥수가 좌하 辰토에 입묘하고, 辰토에서 乙목 겁재가 월성으로 투간했으나 제어되지 못했다.

▶ 71세 戊辰대운 己酉년 사망한 이유?

戊辰운에 戊토가 丙화를 회화무광(灰火無光)함과 동시에 왕수가 입묘한다. 己酉년 일주 甲辰과 원앙합을 이루어 일간이 합반되므로 신상에 변고가 생겼다. 戊辰운에 좌하 辰토가 동하고 己酉년에 辰酉합하는 것을 보는 것이 중요하다.

1927년 목화상관격 조후격

甲 甲 辛 丁
戌 寅 亥 卯 乾3
乙 丙 丁 戊 己 庚
巳 午 未 申 酉 戌

도계실관 해설

甲일주가 장생지에 태어나 년월에 亥卯가 회국하고 귀록하니 신왕한 사주이다. 일시에 寅戌회국한 가운데 丁화가 투간하니 상관격이 분명하다. 농가출신으로 남방화운에 귀는 없지만 안락하며 말년도 길할 것이다. 위의 己亥생 사주는 좌하에 고장이 있고 丙화가 투출하며 도시에서 상업활동으로 대부하였다. 아래 丁卯생 사주는 천간에 丙화가 없고 농촌출생이므로 귀도 없고 부도 적었다.

삼각산인 해설

亥월 甲목이 庚금 대신 辛금을 띄웠다. 庚금이라면 甲庚丁의 화련진금(火煉眞金)이 일어나겠지만 辛금이 투출, 가신(假神)이므로 격이 떨어진다. 辛-丁-壬의 구조로 보자면, 辛금이 亥수에 도세되기는 하지만 寅亥합으로 亥수가 묶여 있는 것이 흠으로 아쉽다. 남방운에 안락하게 지냈다.

[비교사주]

辛 甲 辛 丁
未 戌 亥 酉 _乾 총독

조화원약 해설

丁화가 辛금 하나를 제거하여 시상 辛금이 용신이다. 戌궁 戊토가 수를 막아 재왕생관하는데 戌궁에 辛丁戊가 모두 있어 길하다.

삼각산인 해설

월상 辛금이 亥수에 풀어져 甲목으로 변하고 있다. 戌중에서 투간한 丁화가 甲목을 조후하고 戌중 戊토가 보온해주고 있다. 辛-丁-壬의 진신을 갖추었다.

己 甲 辛 壬
巳 子 亥 辰 _乾

조화원약 해설

이 사주는 화토격이 실령하여 고독하며 질병이 많았으나 만년에는 의록이 있었다. 화신(化神)이 왕지로 흐르면 길하다. 甲己화토가 있으면 반드시 화로 용신을 삼아야 한다. 임신이 나란히 출간하여 목이 많으니 토가 흩어져 파격이다. 시상의 巳궁 丙戊가 쓰임을 얻어 丙辰운과 丁巳운에서 의록이 있었다.

삼각산인 해설

辛금이 壬수에 풀려서 甲목으로 변화하는 모습이 있다. 巳시에 태어나 巳중에 丙화가 암장된 것은 좋지만 巳亥충으로 丙화가 상한 것이 아쉽다. 년한상 巳화에 해당하는 말년에 의록이 있었다고 한다.

壬 甲 丁 庚
申 辰 亥 辰 乾 장군

조화원약 해설

등화불검격(燈花拂劍)이다. 庚丁이 용신이니 壬수가 丁화를 상하게 하면 흉하다. 壬운에서 피살당했다.

삼각산인 해설

금수가 세력을 이루어 월상의 丁화를 丁壬합으로 제어하고 있다. 壬운이 오면 丁화를 합하여 원국의 의향이 깨지므로 피살당했다.

```
壬 甲 己 辛
申 辰 亥 丑  乾
```

조화원약 해설

등화불검격(燈花拂劍)이다. 이로(異路)로 은봉(恩封)을 받았다. 현명한 아내와 효자를 두었다. 여기서 검(劍)은 壬申과 癸酉를 말한다. 甲辰생과 乙巳생이 壬申시나 癸酉시에 태어나면 등화불검이 된다.

삼각산인 해설

금수가 세력을 이루어 월상의 己토를 甲己합으로 제어하고 있다. 화토가 커지면 발전한다.

子月 甲木

난강망 원문

十一月甲木 木性生寒 丁先庚後 丙火佐之 癸水司權 爲火金之病 庚丁兩透 支見巳寅 科甲有准 風水不及 選拔有之

11월 甲木은 木의 성질에 차가움이 생기니, 丁火를 먼저 사용하고 庚金을 뒤에 쓰며, 丙火를 보좌로 삼으니, 癸水가 권세를 맡아서 火金의 병이 되기 때문이다. 庚金·丁火가 함께 투출하면서 지지에서 巳火·寅木을 보면, 과갑(科甲)이 인정받게 되며, 風水가 미치지 못해도 벼슬은 할 수 있다.

도계 선생 명리요결

동지(冬至)전은 천지가 극히 한랭하고 동결된 시기이므로 丙화로 조후하고 戊토로 제습하면 귀격이다. 丙화는 투출하지 않고 지지에 寅巳午未戌 등이 있으면 중격이다. 수가 많고 화토가 약하면 평범한 사람에 불과하다. 동지(冬至) 후에는 일양시생(一陽始生)하므로 목화토가 함께 성하면 부귀격이다. 庚금이 투출되고 천간에 丁화가 있으면 화련진금(火煉眞金)하므로 대부귀격이다.

1950년 합살조후격

乙 甲 戊 庚
亥 辰 子 寅 乾1
甲 癸 壬 辛 庚 己
午 巳 辰 卯 寅 丑

도계실관 해설

甲일주가 동지(冬至) 후에 태어나 寅亥에 뿌리를 두었으니 신강한 사주다. 庚금칠살이 투출하여 戊토의 생함을 받으며 乙목이 합거하니 귀격이다. 寅중 丙화가 기가 부족하여 조후가 못되고 庚辛금이 개두되었으므로 동남운에 발복이 적었다. 좌하에 재고가 있으므로 내조가 많을 것이다. 丙寅시에 태어났다면 丙화가 조후하여 남방운에 대귀하였을 것이다.

삼각산인 해설

子월 甲목이 子辰회국하므로 수왕지국(水旺之局)이다. 乙庚이 합하여 양인합살을 이루고 戊토가 子수와 자합(自合)하여 금수를 제어코자 한다.

▶ 내조가 많은 이유

甲목일주의 좌하 辰토에서 戊토 재성이 투출했으니 처로 볼 수 있다. 戊토는 왕수를 통제하는 약신(藥神)이므로 처덕이 있다.

▶ **寅시에 태어났다면 丙화가 조후하여 남방운에 대귀**

寅중의 丙화로 한목향양(寒木向陽)해야 하는데, 투간하지 못하고 년지에 암장 되어있으므로 효과가 크지 않다. 丙寅시에 태어났으면 원국에 丙화를 갖추었으므로 대귀하다. 원국에 丙화가 없으므로 대운의 도움을 얻어 남방운에 발달한다.

1914년 목화통명 조후격

乙 甲 丙 甲
亥 戌 子 寅 乾 8
壬 辛 庚 己 戊 丁
午 巳 辰 卯 寅 丑

도계실관 해설

甲일주가 대설에 태어나 한기가 심하다. 乙亥와 甲寅의 비겁이 있으므로 왕목이다. 유력한 丙화가 조후하여 왕목을 설기하고 재성을 생한다. 일생복인으로 부귀겸전에 신체 건강할 것이다. 丙화가 년월에 유력하니 부모덕이 있다. 시에 일간이 장생하고 좌하에도 재성이 있으니 처자도 좋다.

삼각산인 해설

子월 甲목은 丙화와 戊토로 조후해야 한다. 월상에 丙화가 투간하고 좌하에 戊토를 두었으므로 丙戊를 갖추어 이른바 격을 이루었다.

▶ **일생복인으로 부귀겸전**

사주의 부귀는 원국의 성격여부에 좌우되는 것이 크다. 추운 계절의 甲목이 丙戊를 보아 성격되었으므로 일생부귀를 원국에서 갖추었다고 할 수 있다.

▶ **부모덕과 처덕의 근거**

월상 丙화는 부모궁이고 좌하의 戊토는 배우자궁인데 모두 길신을 구비하였으므로 부모와 처자가 길하다.

[비교사주]

乙 甲 庚 辛
亥 辰 子 亥   乾 어사

조화원약 해설

인수가 득소(得所)하여 어사가 되었다. 살인이 용신이다.

삼각산인 해설

금수가 세력을 이루고 있다. 乙庚이 합하여 乙목 겁재를 庚금칠살이 제어한 효용이다. 왕한 수기가 좌하 辰토에 입묘하는데 辰토를 甲목이 관할하고 있다. 甲乙목이 子월에 태어나 일점의 화기를 보지 못했으니 사목이다. 사목은 고지(枯枝)를 전정(剪定)해야 하는데 庚금이 개두되어 성격되었다.

壬 甲 戊 乙
申 辰 子 巳 乾 상인

조화원약 해설

등화불검격이다. 申子辰 수국을 이루고 壬수가 출간하므로 수다목부(水多木浮)의 상이 있다. 巳궁의 丙戊를 취하나 수가 태왕하니 病이 중하다. 申운으로 행하니 수왕하여 익사했다.

삼각산인 해설

子월 甲목이 壬수가 투간하니 수왕지국(水旺之局)이다. 戊토가 巳중에 뿌리를 내려 왕수를 제어하고자 한다. 申운이 되어 巳申이 합하여 戊토의 근을 합거(合去)하니 戊토가 붕괴하여 사망했다.

癸 甲 戊 乙
酉 辰 子 巳 乾 생원

조화원약 해설
등화불검격이다. 戊癸합하여 수의 왕함을 풀고 巳궁 丙戊로 해동하여 수를 제어한다.

삼각산인 해설
子월 甲목이 癸수 득령했다. 戊토가 癸수를 합하여 왕수를 통제하고자 하는 상신(相神)이다. 목화운에 발전한다.

$$\begin{array}{cccc} 庚 & 甲 & 戊 & 乙 \\ 午 & 辰 & 子 & 巳 \end{array}$$ 乾 원수

조화원약 해설
원수가 되었다. 庚금이 벽갑인정(劈甲引丁)을 얻어 대장군에 이르렀다.

삼각산인 해설
乙庚합하여 양인합살을 이루었다. 子월 甲목이 甲庚丁을 이루어 화련진금하므로 격국이 크다. 乙庚이 합하고 戊子가 자합하여 금수를 제압하고 있다. 목화운에 한목향양하여 대장군에 이르렀다.

$$\begin{array}{cccc} 辛 & 甲 & 戊 & 乙 \\ 未 & 辰 & 子 & 巳 \end{array}$$ 乾

조화원약 해설

벽갑인정하지 않아 무직(武職)에 그쳤다.

삼각산인 해설

辛금이 투간하여 목곤쇄편이 되었다. 辛금이 제어되지 못하므로 격이 크지 않다. 한목향양(寒木向陽)해야 한다.

甲 甲 戊 乙
子 寅 子 亥 乾 부윤(府尹)

조화원약 해설

인수격이 화운으로 흘러 부윤에 올랐다. 재가 인수를 상하게 하니 丙화가 용신이다. 일주 寅궁의 戊丙甲이 모두 유기(有氣)하여 길하다.

삼각산인 해설

子월 甲목이 천한지동이다. 寅중의 戊토가 투간하여 戊癸자합하고 있다. 동절의 甲목은 戊토와 丙화로 한기를 막아 주어야 한다. 남방운에 부윤에 올랐다.

丑月 甲木

난강망 원문

十二月甲木 天寒氣凍 木性極寒 無生發之象 先用庚劈甲 方引丁火始得木火有通明之象 故丁次之 庚丁兩透 科甲恩封 庚透丁藏 小貴 丁透庚藏 小富貴 無庚者 貧賤 無丁者 寒儒

 12월 甲木은 하늘의 기운이 차갑게 얼어있으므로 木의 성질이 극도로 차가우니, 발생하는 象이 없다. 먼저 庚金을 사용해서 甲木을 쪼개면 비로소 丁火를 이끌 수 있으므로 비로소 木·火가 서로 통하여 밝은 빛을 내는 형상(木火通明)을 얻을 수 있다. 그러므로 丁火는 庚金 다음이다. 庚金·丁火가 함께 투출하면 과거에 급제할 뿐만 아니라 왕으로부터 직접 관직을 하사 받게 되고, 庚金이 투출하고 丁火가 감추어져 있으면 小貴하며, 丁火가 투출하고 庚金이 감추어져도 小富貴한다. 庚金이 없으면 貧賤하고, 丁火가 없으면 가난한 선비에 불과하다.

도계 선생 명리요결

한기가 비록 극성하나 子월에 일양시생(一陽始生)이며, 丑월에 이양(二陽)이 진기한다. 庚금이 있고 다시 丙화가 있으면 화련진금(火煉眞金)하여 부귀격이다. 토가 왕하면 목으로 소토해야 正格이 된다. 丁화만 있고 庚금이 없으면 귀격이 아니고, 庚금만 있고 丁화가 없으면 부격이 되지 못한다.

1928년 재다신약

甲 甲 乙 戊
戌 戌 丑 辰 乾2
壬 辛 庚 己 戊 丁 丙
申 未 午 巳 辰 卯 寅

도계실관 해설

甲일주가 대한절에 생하여 한토가 중중하니 소토하는 목이 용신이다. 초년 寅卯운은 부형(父兄)의 도움으로 진학하고 戊운부터 사업을 시작했다. 그러나 사업에 연속 실패했다. 처가의 도움으로 생계를 꾸려가지만 평생 길운이 없었다. 辰戌丑未중 未토가 가장 토왕(土旺)하므로 未운도 불길하다.

삼각산인 해설

丑월 甲목이 토다위병(土多爲病)이다. 甲乙목이 투간하니 소토(疎土)의 약신이다. 비겁을 써서 소토하므로 몸을 써서 생계를 유지해야 한다. 甲목이 뿌리내리는 계절에 수기가 부족할 뿐만 아니라 지지가 모두 충형으로 흔들려 좋지 않다.

1920년생 양인격

丁 甲 己 庚
卯 申 丑 辰 　坤 5
癸 甲 乙 丙 丁 戊
未 申 酉 戌 亥 子

도계실관 해설

甲일주가 소한(小寒)에 태어나니 한토(寒土)가 태성하다. 庚금 살성이 투간하니 신약한 중에 시상 丁화가 제살도 하고 조후도 하니 길하다. 일주를 돕는 시지 양인이 희신이 된다.

신약에는 양인도 길하니 戊子, 丁亥운에 卯목 양인을 도와 평안하고 가정이 무고했다. 丙운에 출가(出嫁)하여 戌乙까지 집안이 발달했다. 酉운 壬寅년에 양인을 충함과 동시에 丁화를 합거, 庚금이 일주를 극하므로 사망했다.

삼각산인 해설

卯木 양인이 甲木의 근이 되어 왕한 토를 소토해주고 있다. 천간에 甲庚丁이 투간하여 화련진금을 이루어 성격되었다. 좌하 申금에서 투한 庚금 칠살은 남편으로 추정한다.

▶ 乙酉운 壬寅년 사망

乙酉운은 년주 庚辰과 합반된다. 庚금이 합반되면 화련진금을 이루지 못하므로 반국이다. 壬寅년 寅申충하면 충중봉합(沖中逢合)으로 庚금이 동하므로 합반이 강하게 작동하여 응기한다. 甲일주가 壬寅년을 만나 寅으로 귀록(貴祿)하는 중에 寅申충, 卯酉충이 일어나면 甲木의 근이 상하므로 사망했다. 양인은 충을 만나면 불길하다.

[비교사주]

庚 甲 丁 己
午 戌 丑 亥 _乾

조화원약 해설

재왕생관이다. 庚丁이 모두 투출했는데 화가 회국하고 있다. 午戌이 회국하고 丁己가 투출하니 재왕생관하고 한목향양하여 귀격을 이루었다.

삼각산인 해설

甲庚丁이 모두 투간하여 화련진금을 이루었다. 동목이 庚금을 만나 벽갑인정(劈甲引丁)하니 귀격이 된다.

$$戊 \quad 甲 \quad 丁 \quad 己$$
$$辰 \quad 辰 \quad 丑 \quad 丑 \; 乾$$

조화원약 해설

戊토가 수를 제하여 빈곤하지는 않으나 수가 丁화를 곤란하게 한다. 귀격을 이루지 못한다. 삼동의 수왕한 계절에 庚금이 없어서 벽갑인정을 이루지 못했다. 丁화의 불꽃이 한기에 곤궁함을 입었다. 그러나 상관생재가 되어 작은 부를 이루었다.

삼각산인 해설

甲목이 엄동지절에 태어났으므로 조후가 선급하다. 무근한 丁화가 힘이 없어 조후에 부족하다.

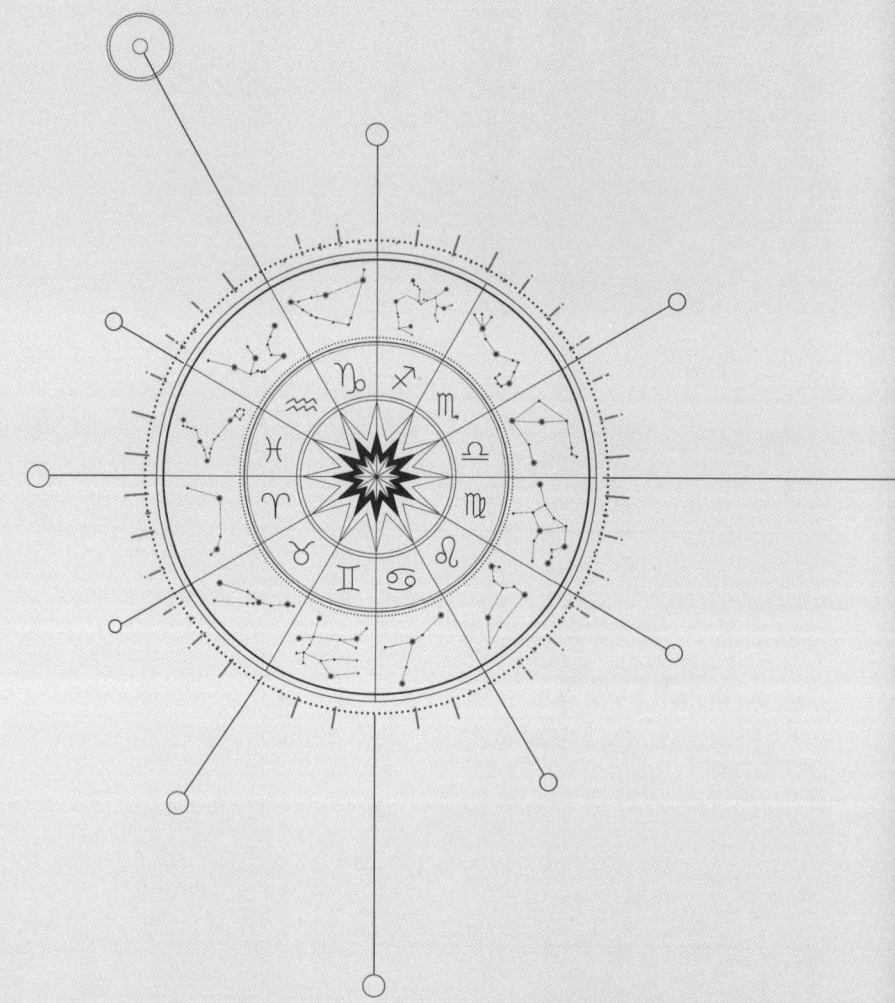

제2부
乙木 일주

寅月 乙木

난강망 원문

正月乙木 必須用丙 因天氣尤有餘寒 非丙不暖 雖有癸水 恐凝寒氣 故以丙火爲先 癸水次之

정월 乙木은 필수적으로 丙火를 사용하는데 이유는 하늘의 기운이 아직 차가운 기운을 가지고 있기에 丙火가 아니면 따뜻하게 하지 못하기 때문이다. 비록 癸水를 필요로 하더라도 차가운 기운에 얼어붙을까 두려워하니, 그러므로 丙火를 처음으로 삼으며 癸水는 그 다음이다.

丙癸兩透 科甲定然 或有丙無癸門戶闡揚 或丙多乏癸 名曰春旱 獨陽不長 濁富之人 或丙少癸多 又爲困丙 終爲寒士 或癸己多見 爲溼土之木皆下格 用丙者 木妻火子 用癸水見火多者 金妻水子

丙癸가 투출하면, 과거급제는 정해져 있으며, 혹시 丙火는 있는데 癸水가 없을 경우는 가문을 널리 알리는 것에 불과하다. 혹시 丙火만 많고 癸水가 부족하면 이름 하여 '봄 가뭄'이 들었다 고 하는데 외로운 陽氣는 오래 가지 못하므로 부정하게 재물을 모은 사람이다. 혹시 丙火가 적고 癸水가 많으면 또한 丙火가 곤란하게 되므로 결국에는 가난한 선비가 된다. 혹시 癸水·己土가 많이 보이면 음습한 흙에 있는 나무가 되므로 모두 하격이다. 丙火를 사용하는 사람은 木을 처로 삼고 火를 자식으로 삼는다. 癸水를 사용하는데 火氣가 많은 사람은 金을 처로 삼고 수를 자식으로 삼는다.

도계 선생 명리요결

초봄의 추위가 아직 가시지 않은 때이니 丙화가 해동 보온해야 귀격이다. 지지의 癸수는 뿌리를 윤근(潤根)하므로 길하다. 壬수가 투출되면 丙화를 곤궁하게 하여 불길하다. 乙목은 따뜻함을 기뻐하는데 만일 수가 성하면 나무뿌리가 부유하므로 토가 약신(藥神)이 된다.

1924년생 춘한에 병화용(春寒에 丙火用)

丙 乙 丙 甲
子 丑 寅 子 乾 6

壬 辛 庚 己 戊 丁
申 未 午 巳 辰 卯

도계실관 해설

乙일주가 입춘절중에 생하여 한기(寒氣)가 있다. 좌하 丑토에 착근하고 寅甲이 도우니 丙화가 길신이다. 어린 시절도 유족(有足)하고 己巳庚午운에 행정관(行政官)으로 좋은 짝을 만났다. 辛운은 용신을 합하여 불길해 보이지만 丙화가 둘이니 해됨이 없다. 壬申운 후로는 금수운에 화가 병사지(病死地)이므로 불길하다.

삼각산인 해설

목왕지절에 甲乙목이 득령하여 목왕지국을 이루었다. 왕목을 丙화로 설하므로 목화통명을 이루었다. 寅월의 乙목은 초춘(初春)의 한기(寒氣)가 가시지 않았으므로 조후가 선급하다. 寅중에서 투간한 丙화가 유근하므로 향배를 잡는다.

▶ 己巳庚午운에 행정관(行政官)

관직에 오르는 사주의 특성은 인성이나 관성을 제어하고 있어야 한다. 년지 子수를 子丑합으로 끌어서 쓰므로 관직에 오르게 된다. 그런데 子수와 丙화가 복음으로 중첩되어 격이 떨어지므로 대격이 되지 못한다.

▶ 좋은 짝을 만난 이유?

乙목의 좌하 丑토는 처궁이고 丑중 己토와 寅중 戊토는 재성이므로 처성이다. 丑토가 寅丑암합하는 중에 寅중에 甲丙이 투간했으므로 자칫 중혼지명으로 오판할 수 있다. 그러나 년상의 甲子는 시지 子수와 복음으로 응한 뒤 子丑합으로 처궁으로 들어오고, 월상 丙화 역시 시지 丙화와 복음으로 이른 뒤에 子丑합으로 처궁에 이르므로 甲丙을 한사람으로 볼 수 있다. 丙화가 한기를 조후하는 길신이므로 좋은 배필을 만난다.

▶ 甲목 겁재의 문제

寅월에 태어나 겁재인 甲목이 득령(得令)했으므로 파격으로 오판할 수 있다. 그러나 乙목은 甲을 보면 등라계갑(藤蘿繫甲)하므로 甲목이 겁재로 나쁘게 작용하지 않는다. 나아가 왕목을 설하는 丙화가 첩신(貼身)하고 있어 길하다.

1928년 곡직격(曲直格)

己 乙 甲 戊
卯 酉 寅 辰 乾 7

庚 己 戊 丁 丙 乙
申 未 午 巳 辰 卯

도계실관 해설

乙일주가 목왕절에 태어나 寅卯辰 방국을 이루었다. 곡직격(曲直

格)을 이루며 酉금이 병이 된다. 卯목이 酉를 충하여 병을 제하므로 유병득약(有病得藥)했다. 乙卯丙운은 부유한 가문에서 성장했다. 辰운에 기신 酉금을 생합하니 실패가 많았다. 丁운에 상업으로 성공하였으며 巳운도 길하나 巳酉가 회국하므로 득실이 상반이다. 午운은 酉금을 극하므로 재물이 왕성하고 未운은 왕목이 입묘하므로 불길하다. 금운 또한 흉하다.

삼각산인 해설

寅월 乙목이 寅卯辰 방합을 이루어 목왕지국을 이루었다. 목기가 태왕하여 곡직격(曲直格)으로 볼 수 있고 좌하 酉금이 병이 된다. 다행히 卯酉충으로 제어하고 있으나 酉금이 년지 辰토와 육합(六合)하여 뒷문이 열린 셈이라 귀격을 이루지 못했다.

▶ 辰운에 기신 酉금을 생합하니 실패가 많았다

辰운에 酉금을 생합하면 酉금을 卯酉충으로 제어하지 못하게 된다. 원국의 의향에 반하므로 실패가 많았다.

▶ 丁운에 상업으로 성공

辰운을 벗어나면 원국의 卯酉충이 다시 작동하므로 좋아 진다. 왕한 목을 설해야 하므로 丁운에 성공한다고 할 수 있다.

[비교사주]

己 乙 甲 戊
卯 酉 寅 午 <small>乾 해군중장</small>

조화원약 해설

우수 후 6일에 태어났다. 寅午가 회국하여 酉금이 제어되니 재가 용신이다.

삼각산인 해설

목화가 세력을 이루어 酉금을 제어했다. 卯酉충만으로 완전히 제거되지 못하므로 목화운에 발전한다. 寅午가 회국하여 식상제살한다. 도계실관의 戊辰생 사주와 비교하면, 년지만 다를 뿐이다. 戊辰생은 辰酉합으로 뒷문이 열려 있음에 비해 戊午생은 寅午회국으로 酉금을 제어하는 모습이 역력하다. 칠살을 제어했으므로 장성이 되었다.

丙 乙 壬 丁
子 卯 寅 巳 <small>乾 상서</small>

조화원약 해설

이홍장(李鴻章)의 명이다. 곡직(曲直)인수격을 이루었다. 癸수가 투출했는데 丙화가 암장되어 출장입상(出將入相)의 명이 되었다.

삼각산인 해설

寅월 乙목이 亥卯未 목국을 이루었다. 寅월 甲목이 득령하므로 수기를 공급해야 한다. 乙목이 甲을 보아 등라계갑(藤蘿繫甲)할 뿐만 아니라 甲목이 己토와 합한 뒤 시지 녹신이 亥卯未 삼합하여 일지에 이르고 있다. 연월일시의 지지를 모두 일지가 취하여 쓰므로 격국이 크다.

```
己 乙 庚 辛
卯 未 寅 亥   乾 숭정제
```

조화원약 해설

명나라 숭정(崇禎)황제의 명이다. 입춘 2일 뒤에 생했다. 초춘에 태어나 목의 한기가 심한데 丙화가 투간하지 않았으니 목이 생의(生意)가 없다. 庚辛이 모두 있어 관살이 혼잡하다. 따라서 부득이 亥궁 壬수로 용신을 삼아 화살해야 한다. 삼춘(三春)의 목왕한 때 어찌 인수의 생이 필요하겠는가? 금이 용신일 때는 반드시 재로 생해야 한다. 따라서 인수로 화살하면 좋지 않다.

삼각산인 해설

　寅월 乙목이 亥卯未 목왕지국을 이루었다. 월상의 庚금은 절지에 앉아 힘이 없는 가운데 乙庚합으로 제어되었다. 년상 辛금 칠살은 좌하 亥수에 설기된 후 寅亥합으로 제어된다. 왕목이 좌하 未중에 입고하여 일간 자신이 취하므로 제왕격이 된다. 팔자의 모든 글자가 움직이고 있다.

卯月 乙木

난강망 원문

二月乙木 陽氣漸升 木不寒矣 以丙爲君 癸爲臣 丙癸兩透 不透庚金 大富大貴 或天干透庚 支下無辰 不能化金 得癸透養木亦爲貴 若見水庫 則爲假化 平常人也。

2월 乙木은 陽氣가 점차로 상승하는 시기이므로 나무가 차갑지 않지만 丙火로 군주를 삼고 癸水로써 신하를 삼는다. 丙火·癸水가 모두 투출하고 庚금이 투출하지 않으면 대부대귀하다. 혹시 천간에 庚금이 투출할 때 지지에 辰土가 없으면 金으로 변할 수 없고, 癸水가 투출해서 木을 기르는 상황을 얻으면 역시 貴하다. 만약 水庫를 보면 가짜로 변화(假化)한 형국이니 평범한 사람이다.

도계 선생 명리요결

양기가 점진(漸進)할때니 일주가 태왕한데 丙화를 만나면 설기(泄氣)해서 귀명(貴命)이요, 癸수로 윤근(潤根)하면 더욱 귀명이다. 화는 없고 수만 있으며 庚금이 투출하면 목은 강하고 금은 약하여 금이 손상되므로 도리어 재앙이 생한다. 지지에 辰丑이 있으면 목과 금을 자윤(滋潤)하여 길하고, 화가 있으면 귀격이다. 춘생

乙목은 지란(芝蘭)과 같으니 화토수가 길신이다.

1890년 신왕 정관격

```
丁 乙 己 庚
丑 卯 卯 寅  乾1
乙 甲 癸 壬 辛 庚
酉 申 未 午 巳 辰
```

도계실관 해설

 乙목 일주가 춘분 목왕절에 생했다. 좌하와 월건에 록이 있고 寅목이 도우니 일주가 왕하다. 丁화가 寅중에 뿌리를 두고 왕목을 설함이 용신이 될듯하나 습목불염(濕木不炎)이요 목다화식(木多火息)하니 능력이 부족하다. 년상에 庚금이 목을 잘라주므로 용신이 된다. 이러한 경우에는 丁화가 기신(忌神)이 된다. 庚辰,辛巳운은 길하고 壬운은 기신 丁화를 합거하여 명예와 재물이 창성했다. 午운에 기신득록(忌神得祿)하고 庚금이 패지(敗地)가 되므로 상처(喪妻)했다. 甲운은 실패와 손실이 많았고 申운은 庚금이 득록해서 길했다. 乙운은 용신을 합해서 불길하나 서방운이므로 해가 없고 丙운 甲午년에 庚금이 상하여 별세했다.

삼각산인 해설

卯월 乙목이 건록격을 이루어 목왕한다. 일간 乙목이 년지의 庚금과 합하여 관성을 완전히 제압하고 있다. 적포구조를 이루므로 금수가 커져야 발전한다. 따라서 庚辰, 辛巳운에 길하고 申운에 발전했다. 卯卯가 酉를 불러 酉丑회국으로 묶어 쓰니 명예와 직위가 있다.

▶ **午운에 상처한 이유**

좌하 卯목은 처궁이고 丑중에서 투간한 월상의 己토는 처성이다. 己토는 卯중의 甲목과 암합한 뒤, 복음으로 일지에 이르므로 배우자로 확정할 수 있다. 午운이 되면 己토가 午에 귀록하는 가운데 己토가 통근한 시지 丑토와 丑午천, 卯午파를 이루므로 己토가 무너지게 된다. 따라서 배우자와 사별했다.

1920년 식신제살격

丁 乙 己 庚
丑 酉 卯 申 乾 3

乙 甲 癸 壬 辛 庚
酉 申 未 午 巳 辰

도계실관 해설

乙일주가 목왕절에 생하였다. 천간에 庚금이 투출하고 지지에 申酉丑이 있으니 살왕하다. 일주의 뿌리가 되는 卯목이 손상당하니 왕이반약(旺而反弱)했다. 시상 丁화가 부득이 제살의 용신이 된다. 庚申, 辛巳운은 빈한한 가정에서 어렵게 살았고, 壬운은 약한 일주를 도와 길할 듯하나 용신 丁화를 합거하여 부모가 모두 돌아가셨다. 午운은 용신 丁화가 득록(得祿)하여 최길이며 癸운은 불리하다. 未운은 卯未가 회국하여 길하고 甲운도 일주를 도와 길하나 申운에 신액이 많으니 酉운에 월건 卯목이 파손되면 대흉할 것이다.

삼각산인 해설

卯월 乙목이 득령(得令)하니 왕목이다. 시상 丁화를 보아 庚申금을 다스리고 있다. 卯酉가 상충하여 일간 녹신을 깨고 있으니 불길하다. 춘절의 乙목은 매철(埋鐵)을 두려워 하므로 파격이다. 卯酉가 충하여 乙목이 상해 있음과 동시에 수기가 부족한 것이 병이다.

▶ 壬운에 부모가 모두 돌아가신 이유

월지 부모궁에 위치한 卯목 녹신은 어머니이고 월상 己토편재는 아버지이다. 아버지 己토는 丁화의 생조를 받고 있는데, 壬운이 와서 丁壬합거되면 己토가 생기를 잃는다. 이것이 아버지의 사망으로 나타난 것으로 보인다. 원국의 구조상 20대 중반이후 卯酉가 충하므로 부모와의 인연이 끊어지는 모습이 있다. 모친 卯목은 壬운이 와서 申금이 동하면 卯申암합이 일어난다. 극제가 심하여 세운에 응하여 사망한다.

▶ 午운은 용신 丁화가 득록(得祿)하여 최길

시상에 투간한 丁화 식상으로 왕금을 제어하는 것이 원국의 의향이다. 丁화는 지지에 뿌리를 얻지 못해 아쉬운데, 녹왕지인 午운을 만나면 길하다. 동일한 이유에서 丁화를 충하는 癸운은 불리하다.

[비교사주]

丙　乙　辛　丙
戌　酉　卯　申 乾

조화원약 해설

癸수가 없는데 丙화가 합하고 지지에 충이 있다. 고빈하다. 년월에서 丙辛이 합하고 있으니 시상 丙화를 용신으로 삼아야 한다. 그러나 乙목이 酉의 절지에 앉아 있고 뿌리에 쇠가 묻혀 있다. 따라서 월령의 녹이 상하여 고빈한 명이 되었다.

삼각산인 해설

卯월 乙목이 년상 丙화 식상을 통해 월상 辛금을 제어한 것이 길하다. 그러나 乙酉일주가 되어 卯목 녹신을 충하고 申酉戌 방합을 이루고 있으니 파국이다. 천간은 辛금을 제압하고자 하는데 지지는 申酉戌 방합을 이룬 중에 卯酉충하고 있으므로 천간과 지지의 의향이 일치하지 못한다.

丙 乙 辛 丙
子 卯 卯 子 乾

조화원약 해설

출장입상으로 현명한 아내와 효도하는 자식을 두었다. 년상 丙화가 辛금을 합거하고 지지에 있는 방국이 완전하지는 않으나 기세가 순수하다. 乙卯가 전록(全祿)인데 시상 丙화가 비추고 癸수가 자윤(滋潤)하여 귀격을 이루었다.

삼각산인 해설

乙일주가 丙子시를 만나 육을서귀격(六乙鼠貴格)이 되었다. 년상에 투간한 辛금을 丙화가 합거하여 제어했다. 乙丙癸의 구조를 갖추어 유병득약(有病得藥)하므로 그릇이 크다. 앞의 사주는 천간과 지지의 의향이 어긋나 있으나 이 사주는 乙목을 자르는 辛금을 제거하고 수화기제를 이루어 기세가 순수하다.

丙 乙 癸 丁
子 巳 卯 丑 乾

조화원약 해설

외교총장과 각국대사를 역임했던 사람이다. 丙癸가 모두 투출하고 녹을 얻어 대귀격을 이루었다.

삼각산인 해설

卯월 乙목이 丙癸를 모두 띄워 乙丙癸 진신의 체계를 갖추었다. 활목이 丙화를 보았으니 꽃이 핀다. 금수운이 길하다.

庚 乙 辛 辛
辰 卯 卯 亥 坤 맹파명리

맹파명리 해설

亥수가 卯목을 생조하고 卯辰으로 辰토를 제어한다. 금과 습토를 제어하고자 하는데 卯목이 亥수의 생을 받아 힘이 있다. 乙未대운 화공업으로 수억원의 재산을 모았다.

삼각산인 해설

卯월 乙목이 건록격을 이루었다. 왕목이 세력을 이룬 중에 庚辛금은 뿌리를 내리지 못했다. 乙庚합으로 시상 庚금을 제어하고 卯목은 卯辰천으로 辰중의 癸수를 다스린다. 용강사약(用强舍弱)하므로 남방운인 乙未대운 수억원의 재산을 모았다.

▶ 乙辛충의 폐해?

辛금은 卯월에 태어나 절지에 앉았으므로 왕목을 극할 힘이 없다. 또한 乙목은 庚금을 보아 乙庚합하고 있으므로 辛금의 피해가 크지 않다. 년월의 辛금과 亥수가 다대일의 구조를 지니고 있다. 亥수를 亥卯합으로 일원의 녹신이 취하므로 그릇이 크다.

辰月 乙木

난강망 원문

三月乙木 陽氣愈熾 先癸後丙 癸丙兩透 不見己庚
玉堂之客 見己庚者 平常之人 或一乙逢庚 不見己者
亦主小富貴 但不顯達 或多水見己 只恐高才不第 見
戊堪發異途 或庚己混雜 丙癸全 則爲下格 或見水局
丙戊高透 亦主科甲 或柱中全無丙戊 支合水局 此離
鄉之命

  3월 乙木은 양기가 더욱 치열하게 타오르니, 먼저 癸水를 사용하고 이후에 丙火를 사용한다. 癸水·丙火가 함께 투출하고 己土·庚金을 보지 않으면 玉堂의 손님이 되고, 己土·庚金을 보면 평범한 사람이다. 혹시 한 개의 乙木이 庚金을 만나고 己土를 보지 못한 경우에는 또한 반드시 소부귀하나, 단지 현달하지 못한다. 혹시 많은 水가 己土를 보면 오직 재능은 높은데 과거급제를 못할까봐 두려울 뿐이며, 戊土를 보면 다른 분야에서 더욱 발달할 수 있다. 혹시 庚金·己土가 혼잡되면 丙火·癸水가 완전해도 하격이다. 혹시 水局을 보고 丙火·戊土가 높게 투출하면 또한 반드시 과갑(科甲)한다. 혹시 사주 중에 전혀 丙火·戊土가 없고, 지지가 합해서 수국을 이루면 이런 경우는 고향을 떠나는 명조이다.

도계 선생 명리요결

　청명절은 丙화가 우선이고 癸수가 다음이다. 지지에 수국을 이룬다면 목이 오히려 습기의 방해를 받게 되므로 戊토로 제습해야 한다. 곡우후에도 癸丙이 중요하다. 丙화를 쓸 때 庚금이 있으면 庚금이 수를 생하므로 좋지 않다. 이때 甲丁이 있으면 금을 극하므로 길하다. 庚癸丙乙이 혼잡되면 하격이다.

1929년 신약재왕

甲 乙 戊 己
申 酉 辰 巳　乾 2

壬 癸 甲 乙 丙 丁
戌 亥 子 丑 寅 卯

도계실관 해설

　乙일주가 청명절에 태어나 시상에 甲목이 투출했고 申辰수국이 일주를 돕는다. 그러나 좌하의 酉금은 巳酉회국하고 申巳辰등이 살을 도우니 결과적으로 일주가 약하다. 따라서 인수가 희신이요 甲비가 용신이다. 초년 寅卯운에 부귀가에서 생장했다. 丑운에 부친상을 당하고 甲子癸亥운에 재물이 흥성하니 壬운까지 길하다. 戌운에 재성이 왕하면 불길이요 금운은 흉하다.

삼각산인 해설

辰월의 乙목이 비록 월령을 얻었으나 辰酉가 합하여 일간의 뿌리를 내리지 못하고, 원국에 토가 태과하므로 소토(疎土)가 필요하다. 辰월은 수기가 공급되어야 하는데 수기가 부족하니 水木운에 좋았다. 봄의 乙목은 매금(埋金)을 싫어 하는데 辰酉가 합으로 乙목의 뿌리가 상하므로 격국이 크지 못한다.

▶ 乙丑대운 아버지를 잃은 이유는?

부모궁에 위치한 戊토편재가 아버지이다. 戊토는 년상의 巳화에 귀록해서 통근하고 있는데, 丑운이 오면 巳酉丑 금국을 이루므로 戊토가 원신을 잃어버린다. 이에 아버지를 잃었다.

1926년 조후격

丙 乙 壬 丙
子 亥 辰 寅   乾 7 조후격

戊 丁 丙 乙 甲 癸
戌 酉 申 未 午 巳

도계실관 해설

乙일주가 辰월에 태어났으니 목이 왕성할 때이다. 지지에 亥子가 있고 寅목이 도우니 세력을 이루었다. 왕자는 설기함을 기뻐하며,

지지가 습하니 丙화가 용신이다. 출생이후 丙운까지 풍족한 부자로 살았다. 申운중에 관재가 발생, 신병(身病)으로 수술까지 받았다. 酉운은 용신 丙화가 사지가 되므로 불길하다.

삼각산인 해설

辰월은 수기를 공급해야 하는데 壬수가 투간하고, 丙화가 고투하니 丙화로 향배를 잡는다. 乙목이 辰중에 수기를 얻었고 丙화를 만나 수화기제(水火旣濟)를 이루므로 성격되었다.

▶ 申운에 손재/ 질병이 발생한 까닭은?

乙목이 丙화를 만나 꽃을 피우고 있다. 丙화는 년지 寅목에 통근하고 있는데, 申운이 오면 寅申충으로 丙화의 통근처를 끊으므로 질병, 손재가 발생한다.

[비교사주]

丙 乙 戊 甲
子 亥 辰 寅 乾

조화원약 해설

육을서귀격(六乙鼠貴格)으로 丙화가 높이 투출하고 戊토가 수를 제지하니 벼슬이 안원(관찰사)에 이르렀다. 년월의 甲목이 戊토를 파하고, 시지 子수가 힘을 얻어 육을서귀격이 되었고, 丙화로 비추며 癸수로 자윤(滋潤)하여 대귀격이 되었다.

삼각산인 해설

辰월의 乙목이 수화기제를 이루는 가운데 시상에 丙화를 만나 성격되었다. 辰월은 수기가 충분해야 하는 계절인데 子辰회국한 모습이 좋다. 천간이 乙丙의 진신조합을 이루므로 대귀격이 되었다.

```
甲 乙 甲 丁
申 巳 辰 酉  乾
```

조화원약 해설

지지에 丙癸가 암장되어 단지 시험에 합격한 선비에 지나지 않는다. 아내가 어질지만 해로하지 못하고, 자식이 많으나 사이가 좋지 않다. 戊토가 중하여 병이 되기 때문이다.

삼각산인 해설

辰월의 乙목이 巳화를 만나 꽃피고자 하지만 수기를 공급받지 못하므로 선비에 지나지 않다. 아내가 어진 것은 巳화가 길신인 까닭인데, 巳申합하므로 해로하지 못한다. 봄의 乙목은 매금(埋金)을 싫어하는데 辰酉합으로 乙목이 辰토에 뿌리를 두지 못한다.

巳月 乙木

난강망 원문

四月乙木 自有丙火 峕取癸水為尊 四月乙木專用癸水 丙火酌用 雖以庚辛佐癸 須辛透為清 癸透 庚辛又透 科甲定然, 獨一點癸水 無金 是水無根 雖出天干 不過秀才小富 須要大運相扶 或土多困癸 貧賤之人 丙戊太多 支成火局 瞽目之流 用癸者 金妻水子

4월 乙木은 스스로 월령에 丙火가 있으므로 오직 癸水를 취하는 것을 중히 여기게 된다. 4월 乙木은 오로지 癸水를 사용하고 丙火를 참작하여 사용한다. 비록 庚金·辛金으로 癸水를 보좌하지만 반드시 辛金이 투출해야 사주가 맑아진다. 癸水가 투출하고 庚金·辛金이 또한 투출하면 과거급제는 자연히 이루어진다. 홀로 한 점의 癸水가 있고 金이 없으면, 이것은 水가 뿌리가 없는 것이므로 비록 천간에 나타나도, 공부하는 학생이고 소부(小富)에 불과하다.

반드시 대운에서 도와주는 것이 중요하다. 혹시 土가 많아 癸水를 어렵게 하면 빈천한 사람이다. 丙火·戊土가 지나치게 많고 지지에 火局을 이루면 장님의 부류이다. 癸水를 사용하는 사람은 金을 처로 삼고 水를 자식으로 삼는다.

도계 선생 명리요결

월령 丙화가 득세한 때이니 癸수로 조후해야 된다. 庚금이 있어 癸수를 생조하면 상격이며, 丙戊가 태다하고 지지에 화국을 이루었으면 신상에 흠결이 있다. 癸수가 없고 辛금이 왕하면 단명할 것이니 辛금왕살이 乙목을 극제하는 연고이다.

1950년 관살혼잡

戊 乙 辛 庚
寅 卯 巳 寅 坤 5

乙 丙 丁 戊 己 庚
亥 子 丑 寅 卯 辰

도계실관 해설

乙일주가 巳월에 태어나 좌하귀록하고 寅목중첩하니 당연 신왕이다. 庚辛금이 관살혼잡으로 금목이 교쟁한다. 도화상관에 미인형이다. 卯운중 己酉년에 도화살이 년운상충하니 乙酉생 남자와 가출했다. 방랑생활중 戊寅丁운도 불길하며 亥子운도 무익하다. 근원이 불미하므로 천격을 면하지 못한다.

삼각산인 해설

巳월 乙목이 목화가 세력을 이루었다. 乙庚합과 丙辛합으로 관살을 제어 하고자 한다. 辛금은 자합으로 통제하나 년상의 庚금은 제압하지 못한다. 수기가 없으므로 파격이다.

▶ 천격인 이유는?

여명의 식상은 자식이므로 월상의 丙화는 식상이 되고, 丙화와 자합한 辛금은 남편이 된다. 일간은 정관인 庚금과 합하고, 식상인 丙화는 申금과 합하므로 아이와 남편이 일치하지 않는다. 외도의 모습 혹은 남편이 두 명인 중혼지명이 된다.

▶ 己卯대운 己酉년 가출 이유는 ?

己卯대운중 년상 庚寅과 선전(旋轉)을 이룬다. 庚금은 乙庚합으로 일간에 이르므로 남편이라고 할 수 있는데, 己卯 대운과 선전을 이루고 己酉년 卯酉충하므로 문제가 일어났다.

▶ 乙酉생과 가출한 이유는?

천간에 투간한 庚辛금을 지지로 내리면 酉가 된다. 따라서 乙酉생 남자를 만난다. 닭띠남자는 乙목의 좌하 卯목과 충하므로 좋은 배필이 되지 못한다.

1928년 가상관격

甲 乙 丁 戊
申 卯 巳 辰 乾 7

癸 壬 辛 庚 己 戊
亥 戌 酉 申 未 午

도계실관 해설

乙일주가 입하절에 생하니 신약이나 申辰회국이 있으니 약이반왕(弱而反旺)이다. 소만절이라면 진상관에 용인(用印)이 될 터인데, 입하절에 태어나 진상관이 가상관으로 변했다. 초운 戊午己未는 안락했으나 申운에 가정이 몰락했고 辛酉운도 고생막심이다. 壬운에 용신 丁화를 합거하므로 신병(身病)이 위중해져서 亥운에 사망했다. 오행이 구비하고 간지가 청수하나 운로가 불길하여 파격이다.

삼각산인 해설

巳월에 태어난 乙목이 목화가 세력을 이루고 있다. 춘절의 乙목은 충분한 수기를 공급받아야 되는데 수기가 부족하므로 영화가 길지 않다. 나아가 申辰회국이 도움이 되지만 멀리서 요회(遙會)하고 있음이 흠이다. 초년은 년한상 辰토에 해당하므로 비교적 안온하나 庚申운 이후로는 가정이 몰락했다. 본래 봄의 목은 금기를 싫어한다. 년한상 시지 甲申에 이르면 申금이 卯목을 극하므로 말년이 좋지 않다.

▶ 壬대운이후 병을 얻은 이유

45세 이후가 되면 甲申시주가 본격적으로 작동한다. 시상에 자리잡은 갑목 겁재가 작용하므로 기본적으로 불길하다. 47세이후 壬대운에 들어서면 申중 壬수가 대운으로 투간한 셈이므로 시지 申금이 움직인다. 申금이 움직이면 卯申이 암합하면서 금극목으로 녹신이 상하므로 병을 얻게 된다.

▶ 亥운에 사망 이유

봄의 乙목은 매금(埋金)을 싫어한다. 월지 巳화가 巳申합으로 申금을 제어하는 것이 중요한데, 亥운이 되면 巳화가 충을 당해 巳申합으로 申금을 제어할 수 없다. 따라서 亥운에 사망했다.

[비교사주]

丙 乙 乙 壬
子 巳 巳 辰 _乾

조화원약 해설

상관이 사령하는 격이다. 화가 태다하여 목이 쉽게 불타니 위험하다. 년시의 壬子수가 화를 제어한다. 辰토가 여름에 있으니 다소 조열하다. 따라서 수에 의지하니 오행이 조화되어 평생 의록이 풍족하다.

삼각산인 해설

巳월 乙목이 辰토에 뿌리를 내려 활목이 되었다. 巳월에 수화기제(水火旣濟)를 이루어 복덕을 갖추었다.

```
癸 乙 癸 丙
亥 未 巳 戌  乾
```

조화원약 해설

이 사주는 癸水가 투출했으나 금이 없다. 비록 亥궁에 통근하나 금이 수를 생하여 근원이 멀고 흐름이 긴 것만은 못하다. 丙화가 투출하여 상관생재하니 부가 있다. 戊戌재운에서 재가 인수를 파하는데 금이 없으니 재를 화하여 인수를 생할 수 없다. 따라서 토왕하기 때문에 수가 메마른다. 이 사람은 한번 실패한 뒤 재기하지 못했다.

삼각산인 해설

巳월 乙목이 丙화를 만나 꽃을 피우고자 하나 수기가 부족하다. 화가 월령인 계절에 월상 癸수는 자합되어 작용하기 어렵고 시상의 癸수가 亥중에 뿌리를 두어 수기를 공급한다. 戊戌대운중에 戊癸합하여 수기를 제어하므로 반국(反局)이 된다. 己亥운 역시 己癸충으로 수기를 제어하므로 길하지 못하다.

午月 乙木

난강망 원문

 五月乙木 丁火司權 禾稼俱旱 上半月屬陽 仍用癸水 下半月屬陰 三伏生寒 丙癸齊用 柱多金水 丙火為先 餘皆用癸水為先

 5월 乙木은 丁火가 권한을 맡으니 곡식이 가뭄에 드는 형국이다. 上半月은 陽에 속하므로 모두 癸水를 사용하고, 下半月에는 陰에 속하면서 三伏 중에 寒氣가 생기므로 丙火·癸水를 나란히 사용한다. 사주에 金·水가 많으면 丙火가 우선이지만, 나머지는 모두 癸水를 사용함이 우선이 된다.

 乙木重逢火位 名為氣散之文 支成火局 洩乙精神 須用癸滋 癸透有根 富貴雙全 或庚辛年上 癸透時干 定許科甲 無癸者常人

 乙木이 火의 자리를 거듭 만나면 이름하여 기세가 흩어지는 모양이라고 부르며, 지지에 火局을 이루면 乙木의 정신을 누설하므로 반드시 癸水를 사용해서 적셔주어야 한다. 癸水가 투출하고 뿌리가 있으면 富貴를 모두 이루게 된다. 혹시 庚金·辛金이 연상에 있고 癸水가 時天干에 있으면 과거급제를 할 수 있고, 癸水가 없으면 평범한 사람이다.

도계 선생 명리요결

    천지가 뜨거울 때이니 癸수로 조후함이 필요하다. 하지(夏至)후에는 일음시생(一陰始生)하므로 6월 소서절과 비슷하다. 여름의 乙목은 벼농사와 같으므로 간지에 수기가 있어야 복이 됨을 명심해야 한다. 戊己토가 성하면 수기를 제복하므로 불길하다. 이때 목이 있어 소토하든지 금이 있어 생수하면 흉이 변하여 길이 된다.

1852년생 정관격

庚 乙 丙 壬
辰 丑 午 子 乾 2

癸 壬 辛 庚 己 戊 丁
丑 子 亥 戌 酉 申 未

도계실관 해설

    乙일주가 하지절에 태어나 목기가 약하다. 辰丑토가 습기를 머금어 뿌리를 돕는다. 子午상충이나 子辰회국하여 충함을 구하며 금생수하니 시상에 투간한 庚금이 용신으로 중화의 귀격이다. 辰丑은 乙庚에 쌍고장이 되니 대부귀의 징조이다. 己운 丁丑년에 등과하고 酉庚운에 관직이 높았으며 대부(大富)를 이루었다. 금수운은 병

(病)이 되는 丙화를 제거하였으므로 노년에 건강하며 자손도 많았다. 甲寅,乙卯운 중간에 庚금이 寅에 절하고 乙이 용신을 합거하므로 세상을 떠났다.

삼각산인 해설

午월은 庚금을 익히는 계절로 壬수는 수기를 공급하는 보조적 역할을 한다. 壬수가 아니라 庚금을 취한 것은 용신으로 丙庚壬의 진신조합을 갖는 까닭이다. 이 명조는 乙庚합하여 관성을 취하는 것이 乙목의 의향이다. 庚금은 辰丑토와 붙어 있으므로 관통재의 구조를 지니게 되므로 부귀하다. 다대일의 구조에서 庚금을 일간 乙목이 乙庚합으로 취하므로 대격이다.

▶ 己운 丁丑년(26세) 과거 합격 이유는?

己운이 오면 午화가 동하여 子午충이 일어나는데 다시 丁丑년이 되면 壬子와 丁丑이 원앙합을 이루어 충중봉합(沖中逢合)으로 응기한다. 왕화를 제어하므로 길하다.

▶ 금수운은 병(病)이 되는 丙화를 제거

午월에 丙화가 득령했으므로 화왕지국이다. 음포양국을 이룬 중에 년상의 壬수가 丙壬충 子午충으로 왕화를 극제하는 것이 좋다. 금수의 세력이 부족하므로 금수대운에 발전했다.

1933년생 정관격

丁 乙 戊 癸
丑 卯 午 酉 坤6

甲 癸 壬 辛 庚 己
子 亥 戌 酉 申 未

도계실관 해설

乙일주가 화왕절에 생하여 丁화가 투출하니 신약이다. 좌하에 록이 있고 丑중에 습토가 있으므로 酉丑관성이 남편으로 용이 된다. 庚申辛酉운에 약금이 봉왕하여 부군(夫君)이 출세하며 아들 넷을 두었다. 壬운은 기신 丁화를 합거하므로 재운이 발전했고, 戌운은 화가 성(盛)하므로 불길하다. 亥子丑운은 금이 설기되지만 화를 극제하므로 조후로 길하다. 丙寅운은 화성(火盛)하므로 금을 극하여 불길하다.

삼각산인 해설

화와 조토가 세력을 이루어 조열한 국세이므로 금수를 희용한다. 午월은 庚금을 익히는 계절로 壬수는 수기를 공급하는 보조적 역할을 한다.

▶ 남편의 출세

년지 酉금 편관이 卯酉충하여 배우자궁으로 충입(沖入)하므로 남편이다. 금수를 희용하므로 남편성이 희신이다. 따라서 금운에 남편이 발전했다.

▶ 사남(四男)을 출생

시상식신 丁화가 월령을 얻었으므로 3형제 이상 다산(多散)한다. 丁己는 동궁(同宮)이니 午중 己토, 시상 丁화, 丑중 己토, 년상 癸수가 모두 아들로 작동했다. 년상의 癸수는 丑중에서 나와 남편성인 酉금과 동주하고, 酉丑회국하여 자손궁에 이르므로 역시 아들로 볼 수 있다.

[비교사주]

戊 乙 戊 癸
寅 卯 午 酉 乾 군장(君長)

조화원약 해설

군장에 오른 사주이다. 癸수가 酉금의 상생을 얻어 戊토가 癸수를 곤궁하게 하지만 윤택함이 있다. 지지에 辰巳未申(허신)을 연주하여 끼고 있다.

丙 乙 戊 癸
戌 亥 午 未 乾

조화원약 해설

진사에 오른 사람이다. 乙목이 년지 未에 뿌리가 있으나 너무 멀다. 戊토가 중하고 丙丁이 월령을 얻어 강하다. 그러나 조상의 음덕이 있어 흉하지는 않다.

未月 乙木

난강망 원문

六月乙木 木性且寒 柱多金水 丙火爲尊 支成水局
乙得無傷 癸水透干 大富大貴 無癸定作常人 運不行
北 困苦一生

6월 乙木은 木의 성질이 또한 차가워지려 하므로 사주에 金·水가 많으면 丙火를 가장 중하게 여긴다. 지지가 水局을 이루면서 乙木이 손상되지 않고 癸水가 천간에 투출하면 대부대귀한다. 癸水가 없으면 일반인이 되니 운이 북방으로 가지 못하면 일생동안 곤고하다.

凡五六月乙木 氣退枯焦 用癸水切忌戊己雜亂 則爲
下格 或甲木高透 制伏土神名爲去濁留清 可許俊秀
土多乏甲秀氣脫空 庸人而已

대개 5,6월의 乙木은 氣가 물러나므로 시들게 되는데 癸水를 사용하는 경우에는 절대로 戊土·己土가 혼잡되는 것을 두려워하니 下格이 된다. 혹시 甲木이 높게 투출하면, 土神을 제복하므로 이름하여 탁한 것을 제거해서 맑음만 남는다(去濁留清)고 말하며 가히 준수할 수 있다. 土가 많고 甲木이 부족하면 빼어난 기운이 빠져나가서 공허해지므로 평범한 사람에 머문다.

도계 선생 명리요결

 午월과 같은 염천(炎天)이니 癸수가 있어야 조열함을 윤습(潤濕)하게 하고 목근을 자양한다. 토가 왕한 것을 꺼린다. 토가 왕할때는 목이 있어 왕토를 소통하면 흉함이 구제된다. 그러나 만일 간지에 금이 있어 목을 극하면 고독을 면하기 어렵다. 대서 후는 화기가 점차로 물러나는 때이니 금수가 태성하면 삼복생한(三伏生寒)으로 목근이 썩게 된다. 이때는 화가 있어 금을 제복하고 토기를 온란하게 해주어야 한다. 수토가 혼잡되면 불길하다.

1915년 상관격 인성위병(傷官格 印星爲病)

丙 乙 癸 乙
戌 卯 未 卯 乾 5

丁 戊 己 庚 辛 壬
丑 寅 卯 辰 巳 午

도계실관 해설

 乙일주가 소서(小暑)절에 생하여 간지에 목이 강하다. 지지에 未戌이 있고 丙화가 투출하여 조열, 癸수로 조후해야 하나, 수가 무근하므로 도리어 癸수가 병이 된다. 壬辛庚辰운에 금수습토(金水濕

土)가 병(病)인 癸를 도와 고생하다가 己운초에 외국에 있던 형이 귀국하여 己卯戊寅丁운까지 치부했다. 子운은 불길하다.

삼각산인 해설

목화와 조토가 세력을 이루어 월상의 癸수를 제어하고자 한다 癸수가 무근하므로 용강사약해야 한다. 따라서 금수운에 고생하게 된다.

▶ 壬辛庚辰운에 金水濕土가 병(病)인 癸를 도와 고생

무근한 癸수가 허투하여 未에 앉아 있는 것이 오히려 길하다. 금수운에 기신(忌神)이 되는 癸수를 생하므로 오히려 좋지 않다. 이런 사주는 癸수의 유근무근을 잘 살피는 것이 긴요한다.

▶ 己운초에 외국에 있던 형이 귀국하여 己卯戊寅丁운까지 치부

己운에 되면 기신인 癸수와 己癸충하므로 유병득약한다. 월지는 형제궁인데 未중의 己토가 천간에 투간하여 癸수를 제어하므로 형의 도움을 얻었다.

▶ 乙卯 복음의 문제

월지 未토 재성을 乙卯가 복음으로 쟁합하는 모습이 있다. 따라서 30대 중반 이전에는 未토재성을 년지의 乙卯 비견이 가져가므로 경제적으로 어려울 수밖에 없다. 30대 중반이 넘어가면 일지 卯목이 시지 戌토와 합하여 재성을 사용하므로 경제적으로 여유로워진다.

1936년생 시지칠살격(時支七殺)

乙 乙 癸 乙
酉 未 未 亥 乾 3

丁 戊 己 庚 辛 壬
丑 寅 卯 辰 巳 午

도계실관 해설

乙일주가 소서중에 태어나 乙목이 3이요, 亥未성국하고 癸수가 조후한다. 酉금칠살이 용신이 되며 재성이 희신이다. 辛巳庚辰운은 윤토하여 부모기반으로 상업에 종사했다. 卯寅丁운에는 길함이 없고 丙운은 용신 금을 극하니 역시 불길하며 子운은 금이 子에 사지가 되므로 불길하다.

삼각산인 해설

未월 乙목이 조열하므로 亥중에 유근(有根)한 癸수로 조후한다. 未월은 庚금을 익혀야 하는데 酉중의 庚금 관성이 천간에 투간하지 못한 것이 아쉽다. 이 사주는 앞의 명조와는 다르게 癸수가 亥중에 근을 두었고, 酉금의 생조를 받으므로 조후해야 한다.

▶ **부모기반으로 상업에 종사했다**

월상의 癸수 인성은 부모궁에 위치한 어머니 성이다. 癸수가 조열한 국세를 해갈하므로 부모의 도움을 받다.

[비교사주]

庚 乙 丁 丁
辰 巳 未 亥 _乾 어사

조화원약 해설

어사의 명이다. 辰중 癸수가 용신이고 癸庚丙이 모두 중화되었다. 亥未가 卯를 끼고 암록이 있으니 귀격을 이루었다.

삼각산인 해설

목화가 세력을 이루었다. 乙목이 庚금과 상합하는데 지지에 丙癸를 갖추어 성격되었다. 과갑지명이다.

丁 乙 癸 庚
丑 亥 未 戌 _乾

조화원약 해설

대서절에 태어났다. 亥未가 회국하며 卯록을 공협했다. 癸庚이 모두 투출했고 일시에 천을귀인 子를 공협했다. 과갑출신으로 태평재상이 되었다.

삼각산인 해설

未월 乙목이 조열한 가운데 丑중에 유근한 癸수가 투간했다. 庚금을 익히는 계절에 癸수가 조후하므로 성격되었다. 토금이 붙어 있는 중에 乙庚이 상합하고 있는게 특징이다. 관통재(官統財)의 모습이 있다.

*참고 : 격국론 (명리요강)

대저 사람마다 이름이 있듯이 팔자에도 누구나 부귀빈천을 물론하고 격국이 있다. 분류하자면 내격 10격 (팔정격외의 건록 양인격)이 주가되고 외격으로 종격과 화격이 있다. 그 외의 기타 격국들은 확신할 수 없으니 참고하는 것이 좋을 듯하다

1) 월지 본기가 천간에 투출한 자가 용신이 된다. 寅월에 甲목이 투간한 경우이다.

2) 월지본기가 천간에 투출하지 않았을 경우 : 월지 지장간이 천간에 투출하여 유정하면 취용한다. 예를 들어 寅월의 본기인 木은 투간하지 않고 丙이나 戊가 투출하면 용이 된다.

3) 월지 지장간도 투출하지 않은 경우 : 다른 지지의 지장간이 천간에 투출하여 유기(有氣)하면 이를 취용한다.

4) 비겁은 용신으로 취용할 수 없으나 신약살왕, 신약재다, 인성이 식상을 극하는 경우 비겁을 사용한다.

申月 乙木

제2부 **乙목 일주**

난강망 원문

七月乙木 庚金乘令 庚雖輸情於乙妹 怎奈干乙難合 支金 柱見庚多 乙難受載 或丙透干 又加己出埋金 此格可云科甲 有己透 加丙 亦是上命 七月喜己土為用 或不見丙癸 己土必不可少 此則以火為妻土為子

7월 乙木은 庚金이 月令을 다스린다. 庚金이 만약 乙木인 누이에게 情을 주더라도 천간 乙木과 지지 (庚)金이 합하기 어려운 것을 어찌하겠는가? 사주에 庚金을 많이 보면 乙木은 뿌리내리기 어렵다. 혹시 丙火가 천간에 투출하고 또한 己土가 나타나서 金을 묻는데 가세하면 이런 격을 과거급제 한다고 말할 수 있다. 己土가 투출해 있고 丙火가 가세하면, 역시 이것도 上命이다. 칠월 (乙木)은 己土를 쓰는 것을 기뻐하고 혹시 丙火·癸水를 보지 못하더라도 己土가 결코 적어서는 안되며, 이런 경우에 火가 처가 되고, 土가 자식이 된다.

도계 선생 명리요결

庚금이 득세하여 목기가 심히 약한 시절이다. 丙화가 있어서 왕금을 제거함이 시급하다. 또한 癸수가 있어서 금생수, 수생목하면 도리어 길하다. 丙화나 癸수를 쓰는 것은 물론이지만 己丑未 등의 토로 음목의 뿌리를 배양하는 것도 중요하다. 지지에 己丑未가 없고 천간에 癸수가 투출했으면 중격이며, 癸수가 지지에 암장돼 있고 丙화와 己토가 투출하지 못했으면 평범한 인물이다. 목기가 태성하면 庚丁을 써야 하며 목이 약하면 癸수를 써야 한다.

1934년 살인상생격

辛 乙 壬 甲
巳 丑 申 戌 乾 3

戊 丁 丙 乙 甲 癸
寅 丑 子 亥 戌 酉

도계실관 해설

乙일주가 칠월에 생하여 지지에 巳丑회국이 있고, 시상에 辛금칠살이 있으니 일주가 약지이다. 甲목 비견이 돕고 壬수인성이 살인상생으로 용이 된다. 금왕목약하여 초운 癸酉운에 인성이 유력하여 학력이 우수하다. 甲戌운은 토금수목이 상생하여 길하며 교수로 임용되며 乙亥 丙子운은 길하다. 丁丑운 이후는 호운이 되지 못한다.

삼각산인 해설

申월에 태어난 辛금이 득령하고 巳丑회국하여 금왕지국(金旺之局)을 이룬 중에 乙목이 지지에 무근하다. 시지 巳화는 득령한 시상 辛금과 자합하므로 금기가 세력을 얻어 巳화 식상을 제어한다고 할 수 있다. 년지 戌토는 丑戌형으로 제어되었으나 년상의 甲목은 제어되지 못했다. 따라서 용강사약하는 사주로 甲목을 제어하는 운에 발전한다.

1908년 신약 녹비위용(身弱 祿比爲用)

己 乙 庚 戊
卯 丑 申 申 坤 10
甲 乙 丙 丁 戊 己
寅 卯 辰 巳 午 未

도계실관 해설

乙일주가 칠월에 생하여 庚금이 득령하므로 태약한 목이 시지에 뿌리를 내린다. 申과 卯가 현침(懸針)이므로 치과 의사가 되었다.

50세 이전은 재물과 가정이 어려웠다가 50세부터 친구가 도와 개업, 발재했다. 쇠목이 왕운을 만난 까닭이다. 乙卯甲寅癸운이 길하고 丑운은 왕금이 입묘하므로 불길하다.

삼각산인 해설

申월에 庚금이 득령했다. 丙화를 만나 庚금을 익혀야 하는데 원국에 丙화가 없다. 다행히 운로가 남방운으로 가므로 치과의사가 되었다. 년월의 申금이 허신 巳화를 불러 巳丑으로 묶어 사용하므로 격이 크다. 좀 더 깊이 논하자면 년월의 왕성한 庚申금은 좌하 丑토로 입묘하고, 丑중에서 투간한 己토를 시지 卯목 녹신이 甲己합으로 취하고 있다.

▶ 50세 이후 발재(發財)

근묘화실상 재성 己토가 위치한 시주는 45세이후 본격적으로 작동하게 된다. 乙庚이 상합하고 있으므로 丙화가 있어야 하는데, 그렇지 못한 것이 아쉽다. 또한 일간의 의향은 庚금을 취하고자 하는데, 금왕목약한 것이 흠이 된다. 시지 卯목에 귀록하여 乙목의 뿌리가 되므로 뒤늦게 재관을 취할 수 있다.

[비교사주]

戊 乙 庚 戊
寅 丑 申 午 _乾

조화원약 해설

庚금이 申월에 있으니 화하여 금이 된다. 년시의 寅午화국이 금의 왕신과 대적하여 가화가 되었다. 금으로 화하여 토를 용신으로 삼고, 丑궁 癸수가 기신(忌神)을 물리쳐 지사(知事)가 되었다. 아내는 현명하고 자식은 효도했다.

삼각산인 해설

乙庚합은 여름철에 丙화를 만나야 진신조합을 이루게 된다. 이 사주는 丙화가 투간하지 못한 것이 흠이다. 다행히 寅午가 멀리 회국하여 성격되었다.

$$\begin{array}{cccc} 庚 & 乙 & 丙 & 丙 \\ 辰 & 未 & 申 & 戌 \end{array} \text{乾}$$

조화원약 해설

庚금이 출간했는데 丙己가 있어 상서(尚書)에 이르렀다.

삼각산인 해설

왕성한 토기가 申금을 생하는 다대일(多對一) 구조이다. 신중에서 庚금이 시상으로 투한 뒤, 일간과 합했다. 따라서 격국이 커진다.

$$\begin{array}{cccc} 戊 & 乙 & 丙 & 丙 \\ 寅 & 丑 & 申 & 戌 \end{array} \text{乾 클린턴}$$

삼각산인 해설

목화가 세력을 이루어 申丑을 완전히 포위하고 있다. 적포구조이다. 申금은 丑토로 입묘하는데 丑戌형, 寅丑합으로 丑토를 제어했다. 辛丑대운 丑토가 다시 도래하므로 대통령에 당선되었다.

酉月 乙木

난강망 원문

八月乙木 芝蘭禾稼均退 以丹桂爲乙木 在白露之後
桂蕊未開 尙用癸水以滋桂萼 若秋分後 桂花已開 卻
喜向陽 又宜用丙 癸水次之 丙癸兩透 科甲名臣

월 乙木은 버섯, 난초, 벼 등 곡식들이 모두 물러나는 계절이니, 붉은 계수나무를 乙木으로 간주한다. 백로이후에는 계수나무의 꽃술이 아직 열리지 않으므로 오직 계수나무의 꽃받침을 자양하기 위해서 癸水를 사용한다. 만약 秋分이 지나면 계수나무의 꽃이 이미 피었으므로 오로지 햇빛을 향하는 것을 기뻐한다. 또한 丙火를 사용하는 것이 옳으며, 癸水가 그 다음이다. 丙火.癸水가 두 개 투출하면 과거 급제하여 훌륭한 신하가 된다.

도계 선생 명리요결

酉금이 득령했으므로 금기가 태왕하다. 乙목은 계수나무와 같아서 백로(白露)절은 계수나무 꽃이 피지 않으므로 癸水를 쓰며, 추분(秋分)절은 계수나무 꽃이 만발하므로 丙화를 쓴다. 지지에 癸水가 암장되었으면 더욱 묘하다. 癸水가 없으면 壬수도 쓸 수 있다. 지지에 만일 금국을 이루고 丙丁화가 투출해도 성격된다.

1928년 종살격

```
乙 乙 辛 戊
酉 丑 酉 辰  坤 5

乙 丙 丁 戊 己 庚
卯 辰 巳 午 未 申
```

도계실관 해설

乙日柱가 금왕절(金旺節)에 생하여 간지에 금토가 많으니 음간은 종세(從勢)함을 기뻐하므로 약한 乙목이 용(用)이 되지 못하고 도리어 병이 된다. 30세 이전은 살을 도와 길하나 30세 이후로 午丁巳丙운은 금을 극하여 재변(災變)이 많으며 乙卯운은 대흉하다.

삼각산인 해설

酉월에 태어나 辛금이 득령했다. 乙목이 뿌리를 두지 못하고 토금이 세력을 이루었다. 왕세를 거스리지 못하므로 용강사약(用强舍弱)한다. 금이 세력을 이루어 乙목을 제어하고자 한다. 년상 戊토는 자좌 辰중의 癸수와 자합하고 시상 乙목은 乙辛충과 자좌절지에 앉아 있다. 완전한 통제가 되지 못하므로 금운에 발달한다. 30세이후 乙목이 뿌리를 얻으므로 흉하다. 기본적으로 파격이다.

▶ 乙卯운은 대흉하다

6번째 대운이후 일간이 녹지를 만나면 신상(身上)에 위험이 생긴다. 乙卯대운은 일간 乙목이 卯로 내려와 卯酉충하므로 신상에 변고가 예상된다.

1893년 살인상생

丁 乙 辛 癸
亥 亥 酉 巳　乾 9
乙 丙 丁 戊 己 庚
卯 辰 巳 午 未 申

도계실관 해설

乙일주가 추분(秋分)말에 생하여 巳酉회국하고 辛금 칠살이 투출하니 신약이다. 亥수와 천간 癸수가 살인상생인데 추절에 금수가 냉하므로 사에 뿌리 있는 丁화가 희신이다. 庚申운은 가세가 빈하여 학력이 부족하나 己未운 이후로 남방운에 자력으로 성가하여 향리에 부자가 되었다. 아들 하나를 두었으니 추목이 약지이기 때문이다. 辰운 戊子년에 상처했으니 용신과 희신이 상한 때문이다. 남방운 이십년은 건강하며 癸운 壬子년에 세상을 떠났으니 희신이 근절되었기 때문이다.

삼각산인 해설

酉월 乙목이 辛금 득령하니 금수가 세력을 이루어 목화를 제어하고자 한다. 년지 巳화는 戊癸자합, 巳酉합하고 시상 丁화는 丁亥자합하니 식상이 인성에 의해 통제되어 적포구조를 이루었다. 남방운에 발전한다.

▶ 어린 시절 가난한 이유는?

적포구조이므로 목화운이 길하고 금수운은 흉하다. 巳중의 戊토 편재는 아버지이고 癸수 인성은 어머니이다. 戊癸가 서로 상합하는 중에 巳酉합으로 부모궁과 관련을 가지므로 부모로 확정할 수 있다. 戊癸합, 巳酉합으로 巳중 戊토를 완전히 통제하므로 아버지는 제어가 심하여 손상당한다. 어릴 때 부친과의 인연이 좋지 않기 때문에 결과적으로 초년이 좋지 않다.

▶ 남방운에 관직에 오르지 못하고 부자가 된 이유는?

관직에 오르려면 辛금 칠살을 제어해야 하는데 辛금을 제복하지 못했다. 칠살을 제복하지 못하고 일간이 칠살을 취하지도 못하므로 관직에 오르지 못한다.

▶ 丙辰대운 상처한 이유는?

년지 巳화를 巳酉합 巳亥충으로 제어하고 있다. 그런데 辰운이 오면 辰酉합이 일어나 巳화를 놓치게 된다. 게다가 戊子년 巳중 戊토가 천간으로 투간하고 癸수는 子수로 내려오니 戊토가 도망갔다. 巳중의 戊토는 乙목의 처성이므로 상처(喪妻)했다.

▶ 癸운 壬子년 사망

시상 丁화 식상이 수명성(壽命星)인데 대운 癸수가 丁癸충으로 수명성이 상하게 된다. 壬子년 丁壬합으로 丁화가 동하여 충중봉합(沖中逢合)으로 응기했다.

[비교사주]

丁 乙 辛 癸
丑 酉 酉 未 乾 염석산

위천리 해설

乙목이 酉월에 생하면 부귀가 감리(坎離, 감은 수, 리는 화) 궁에 있다.'고 했다. 또 '乙목이 가을에 생하면 무귀(武貴)가 있다.'고 했다. 한로 하루 전에 출생하여 년시에 丁癸가 투출한 것이 바로 감리궁이다. 도움이 되는 수는 원무(元武)인데 투출한 癸수가 목을 기르고 금을 설기한다. 즉 살인상생을 이루어 세상을 마칠 때까지 넉넉하였다.

자평진전 해설

음간인 乙일간이 인성인 癸수를 얻었는데 인성이 丑토에 통근하였으니 신약함을 꺼리지 않는다. 칠살 辛금이 천간에 투출하였으나 丁화가 제압하니 귀격이다.

삼각산인 해설

乙목이 년지 未토를 보았으나 년지는 근으로 논하지 않으므로 사목이 된다. 왕금이 丑으로 들어간 뒤, 관살고와 양인고가 丑未 충하니 병권을 장악한다.

```
辛 乙 辛 癸
巳 丑 酉 酉   乾 1 허세영
丙 丁 戊 己 庚
辰 巳 午 未 申
```

위천리 해설

乙목은 시들었고 사주가 순금으로 되어 있기 때문에 명리를 잘 아는 사람들도 종살격으로 본다. 그러나 년간의 癸수가 진기(進氣)에 있고 금을 설기하여 목을 생한다. 乙목은 뿌리(癸)를 두었기 때문에 종살을 할 수 없고 신약에 인성으로 殺을 화(化)한다. 그렇지 않으면 午丁巳丙의 화운은 제살하는 힘이 강하기 때문에 종살격이 가장 꺼리는데 편하게 지내고 중임을 맡을 리가 있겠는가? 乙卯 甲寅 20

년간의 목운에 내각에 등용되어 백성들을 보살폈다.

자평진전 해설

乙木이 지나치게 신약하다. 인성 癸水가 천간에 투출하여 丑土의 지장간 癸水에 뿌리박아 통근하고 있으므로 종살격(從殺格)은 되지 않는다.

가을의 나무는 성(盛)하지 못하면 나쁘다. 丙火가 지지 巳속에 들어 있지만 巳酉丑 金局이 되어 기반(羈絆:붙들어 매었다는 뜻으로 합하여 자기의 고유한 작용을 하지 못하는 것)이 되니 칠살을 제압할 힘이 없어서 무력하다. (서락오)

삼각산인 해설

금수가 세력을 이루어 巳화를 완전히 제어하고 있다.(적포구조) 목화운에 대발하여 장관이 되었다.

戌月 乙木

난강망 원문

九月乙木 根枯葉落 必賴癸水滋養 如見甲申時 名為 藤蘿繫甲 可秋可冬 若見癸水 又遇辛金發水之源 定主科甲 或有癸無辛 常人 有辛無癸 貧賤 或四柱壬多 水難生乙 亦是尋常之輩

9월 乙木은 뿌리가 시들고 잎이 떨어진다. 반드시 癸水가 촉촉하게 적셔서 길러주는 것에 의지하게 된다. 예를 들어서 甲申時를 보면, 이름하여 등라계갑(藤蘿繫甲)이라고 하며 가을이든 겨울이든 좋다. 만약 癸水를 보고 또 물이 나오는 근원이 되는 辛金을 만나면 반드시 과거 급제한다. 혹시 癸水가 있고 辛金이 없으면 평범한 사람이며, 辛金은 있는데 癸水가 없으면 빈천하다. 혹시 사주에 壬水가 많으면 水가 乙木을 생하기 어려우므로 역시 이런 경우도 평범한 무리이다.

或支多戊土 又逢天干 作從才看無 比劫方妙 一逢比劫 富屋貧人 用癸者 金妻水子 但子女艱難 季土剋制故也

혹시 지지에 戊土가 많고 또한 天干에 투출하면 從財로 간명한다. 비겁이 없으면 비로소 오묘하다. 비겁을 만나면 부유한 집에서 살지만 실제는 가난한 사람이다. 癸水를 사용하면, 金을 처로 삼고, 水를 자식으로 삼는다. 단지 자녀를 두기 어려운 것은 戊土가 억압하고 조절하기 때문이다.

도계 선생 명리요결

戌土가 사령이니 뿌리는 약하고 가지는 쇠할 때이다. 癸수가 있으면 목근을 윤습할 것이다. 다시 辛금이 있으면 수원(水源)이 장구하므로 고관(高官)이다. 癸수만 있고 辛금이 없으면 평상인에 불과하고 辛금만 있고 癸수가 없으면 하격이다. 寅이나 甲이 있으면 이것을 등라계갑이라 한는데, 금의 극을 두려워하지 않고 수왕해도 부목(浮木)이 되지 않는다.

1923년 신왕용관(身旺用官)

己 乙 壬 癸
卯 亥 戌 亥 乾 7

丙 丁 戊 己 庚 辛
辰 巳 午 未 申 酉

도계실관 해설

乙일주가 9월 쇠목이나 간지에 수가 4요. 귀록이 있으니 목세가 도리어 왕하다. 일록귀시격에 편인이 병이 된다면 申酉 관운이 불길할 터인데 월건 재성이 용이 되므로 금운에 왕목을 극제하여 초년에 부가생장했다. 화토운에 일생이 풍족하며 乙卯운에 목기가 성하여 토를 극하면 불길하다.

삼각산인 해설

토왕용사(土旺用事)일에 태어나 己土가 득령했으나, 원국에 水木이 왕하므로 用神 己土를 생부해야 한다. 화토운에 발달했다.

▶ 금운에 부가에서 생장한 이유

乙木일원이 己卯시에 태어나 시지에 귀록했다. 卯목은 월지 戌토와 卯戌합하여 재성을 취했다. 월지 부모궁의 재성을 녹신이 취했으므로 부유한 집안에서 성장했다.

1909년 신왕용관

丁 乙 甲 己
丑 卯 戌 酉 坤 6

庚 己 戊 丁 丙 乙
辰 卯 寅 丑 子 亥

도계실관 해설

　乙일주가 상강절에 생하나 甲목이 있고 좌하에 록이 있으니 약목이 도리어 왕하게 되었다. 특히 여명은 관성이 중하므로 酉丑회국 관성이 용신이다. 간지에 화토가 협조하므로 남편이 관직에 출세하고 자신도 활동력이 능하다. 여명으로 좌록과 비겁이 불리하여 부군이 화류여성에게 생자(生子)하여 戊寅 己卯운 20년에 가정불화가 많았다. 庚辰운부터는 관성이 생기를 얻으며 목비(木比)를 제하므로 화평가정이 되니 왕관이 아니므로 관봉관운에 해가 도리어 복이 됨이니 辛巳운도 또한 길하다.

삼각산인 해설

　목화와 조토가 세력을 이루어 酉戌천, 丑戌형으로 금을 제어하고 있다. 따라서 금수운에 발전했다.

　▶ **戊寅, 己卯의 가정불화**

　년상의 酉금은 좌하 卯목으로 충입하므로 남편인데, 酉戌상천하니 배우자와의 관계가 좋지 못하다. 좌하 卯중에서 甲목겁재가 월상고투하므로 겁재의 폐해가 있다. 甲목겁재는 남편의 다른 여자로 작동했다.

[비교사주]

丙 乙 甲 甲
子 酉 戌 寅 乾

조화원약 해설

이 사주는 甲목이 있어 등라계갑(藤蘿繫甲)이 되었다. 천간에 丙화가 있는데, 子궁은 癸수의 건록지이고, 酉궁에 辛금이 있어 금수가 생한다. 따라서 辛癸가 모두 구비되어 부귀공명을 이루었다.

삼각산인 해설

乙일주가 丙子시에 태어나 육을서귀격(六乙鼠貴格)을 이루었다. 원국에 오행이 균형을 이루어 성격되었다.

丙 乙 丙 乙
子 亥 戌 未 乾

조화원약 해설

총독이 된 사람으로 육을서귀격(六乙鼠貴格)이다. 丙화가 투출했는데 癸수가 암장되어 있으니 子궁 癸수가 용신이다.

삼각산인 해설

戌월 乙목이 亥子를 만나 활목이 되었다. 활목이 丙화를 만나 조후로 성격되었다.

```
壬  乙  丙  庚
午  巳  戌  辰   坤 자식불구

庚 辛 壬 癸 甲 乙
寅 卯 辰 巳 午 未
```

사주첩경 해설

火土金 삼상격을 이루었다. 토가 화금중간에 통관을 해주니 귀하다. 시간의 한 점 壬수가 말라버렸다. 상관식신 巳午가 나란히 좌하니 상부를 면하기 어렵고 남의 자손을 키운다. 식기를 사서 모으는 독특한 취미가 있다. 음식솜씨가 뛰어나다. 화가 왕하여 토를 생하니 재성의 근이 있다. 출가하여 재물이 크게 늘었다. 乙일간에 丙戌월에 태어나니 자식이 불구다.

삼각산인 해설

목화가 세력을 이루어 乙庚합, 壬午자합, 辰戌충으로 금수가 완전히 제압되었다. 따라서 금수가 커져야 발달하지만, 제압된 해당 육친은 상하게 된다. 庚금이 남편이므로 사별하게 되고, 辰戌상충으로 丙화가 戌중에 입묘하므로 자손이 상했다.

亥月 乙木

난강망 원문

　　十月乙木 木不受氣 而壬水司令 取丙爲用 戊土次之
　　丙戊兩透 科甲定然 有丙無戊 雖不科甲 亦入儒林
　　支多丙火 運入火鄕 亦主顯達

　　十월 乙목은 木이 기운을 받지 못하고 壬水가 月令을 맡으므로 丙火를 취하여 사용하고 戊土가 다음이 된다. 丙火·戊土가 함께 투출하면 과거 급제는 자연스럽게 이루어진다. 丙火가 있고 戊土가 없으면 비록 과거 급제는 못해도 또한 유림(儒林)에는 들어간다. 지지에 丙火가 많고 운이 火의 고향으로 들어가면 또한 반드시 현달한다.

　　或水多無戊 乙性漂浮 流蕩之徒 若不見丙巳 妻子難全 或一點壬水 卽多見戊土 亦爲不妙 得甲制戊 可許能幹 但爲人好生禍亂 構訟生非 男女一理

　　혹시 水가 많고 戊土가 없으면 乙木의 성정이 표류하여 떠다니므로 마음이 불안하여 방탕한 무리가 된다. 만약 丙火와 巳火를 보지 못하면 처자(妻子)가 온전하기 어렵고, 혹시 한 점의 壬水가 있는데 또한 戊土를 많이 보면 역시 오묘하지 못하다. 甲木을 얻어서 戊

土를 제압하면 (나라의) 근간이 될 수 있으나, 다만 사람됨이 재앙과 분란을 일으키기 좋아하며 송사(訟事)를 일으켜서 시비를 다투니 남녀가 한 가지 이치이다.

> 支成木局 時値小陽 此又如春木同旺 若有癸出 須取
> 戊爲尊 加以丙透 科甲之人 若無丙戊二字 自成自敗
> 終非承受之輩

지지에 木局을 이루면 시절이 小陽을 만나는 것이므로 이런 경우에 또한 봄의 木이 왕성한 것과 비슷하다. 만약 癸水가 나타나 있으면 반드시 戊土를 취하는 것이 중요하며, 丙火가 투출함으로써 가세하면 과거 급제하는 사람이다. 만약 丙火·戊土 두 글자가 없으면 스스로 이루어도 스스로 실패를 초래하니 결국에는 (조상의 가업을) 계승하지 못하는 무리이다.

도계 선생 명리요결

음습(陰濕)이 심한 때이니 丙화가 해동함이 제일 길신이 된다. 戊토는 제습해주므로 희신이다. 한목(寒木)은 癸수를 꺼리니 丙화를 극하는 까닭이며 癸수가 戊토를 합거하여 한목(寒木)을 돕는 결과가 되어 불길하다.

1886년 인수격

```
癸 乙 己 丙
未 未 亥 戌   坤 8
癸 甲 乙 丙 丁 戊
巳 午 未 申 酉 戌
```

도계실관 해설

乙木이 10월 소춘(小春)절에 생하여 癸水가 시상에 있으며 丙火가 조후하니 인수격에 귀명이다. 일점의 金이 없다가 초년 申酉운에 부귀가에 생장하여 40세까지 호화생활을 했으나 40세에 상부(喪夫)하고 巳운 戊子년에 사망했다. 원국에 사토(四土)가 인성을 극하는 중에 巳亥상충하고 戊癸합거한 때문이다. 딸만 하나 둔 것은 수의 근원이 없기 때문이다. 이 사주는 궁중부인으로 초년은 길하나 중말년은 불길하다.

삼각산인 해설

乙목일원이 乙丙癸의 진신조합을 이루었으니 귀격이다. 癸수가 득령했지만 화토가 세력을 이루었으므로 권형(權衡)의 원리에 의해 癸수를 생부해야 한다.

▶ 40세 乙未대운 乙丑년 상부(喪夫)

년지 戌중 辛금관성이 戌未상형하여 좌하 未토로 형입(刑入)하므로 남편이다. 乙未대운 戌未가 동하여 상형하는 중에 乙丑년 丑戌未 삼형성국(三刑成局)하므로 상부(喪夫)했다.

▶ 癸巳대운 戊子년 사망

乙목일원이 수기를 만나 활목이 되었으므로 수기를 제어하면 안 된다. 癸巳대운 巳亥충함과 동시에 戊子년을 만나 巳중의 戊토가 세운 천간으로 투간한 중에 戊癸합하여 수기를 극제하므로 사망했다.

1944년 인수격 조후위용(調候爲用)

丙 乙 乙 甲
子 未 亥 申 乾 4
辛 庚 己 戊 丁 丙
巳 辰 卯 寅 丑 子

도계실관 해설

乙일주가 亥월에 생하나 木의 장생지요, 甲乙이 도우며 亥未가 會局하니 신왕이다. 좌하 고장과 申子의 관인이 귀조(貴兆)가 된다. 丙화가 조후(調候)함이 용신이다. 출생후로 부귀가정이요 학교도 우등생이며 경제과를 졸업하고 寅운에 약관 박사로 동남운에 영달한다. 辛운은 용신인 丙화를 합거하므로 불길이나 원국에 乙목 한신이 반충하여 대해가 없고 未운에 왕목이 입묘하면 불길할 것이다.

삼각산인 해설

乙목일원이 丙子시에 태어나 육을서귀격(六乙鼠貴格)을 이루었다. 亥월 丙화가 태절지에 태어나 약하므로 남방운에 발전했다.

▶ 寅운에 약관 박사로 동남운에 영달한다

시상의 丙화 식상이 조후하여 乙목을 보호하고 있다. 식상이 특별히 하고자 하는 모습이 없고 조후로만 기능하므로 교육자나 학자의 명이다.

▶ 관직에 가지 못한 이유

시상의 丙화가 재성을 생하거나 관성을 제어하는 모습이 없다. 관직에 나아가려면 인성이나 관성을 제어해야 한다. 그런데 원국에 辛금관성을 제어하는 수단을 갖지 못했다. 따라서 고위직에 나가지 못한다.

[비교사주]

壬 乙 己 丙
午 丑 亥 子 乾

乙 甲 癸 壬 辛 庚
巳 辰 卯 寅 丑 子

적천수천미 해설

이 명조는 처음에 보면 하나도 취할 만한 것이 없으니 천간에는 壬과 丙이 상극하고, 지지에는 子와 午가 멀리서 충하며, 추운 나무가 햇볕을 좋아하지만 바로 수의 세력이 범람함을 만나고 화기는 극절을 당하여 명예와 이득이 이루어짐이 없을 듯하다. 寅운에 화가 생조되고 목왕하니 과거급제하여 한림원에 들어갔다.

삼각산인 해설

亥월 乙목이 한목향양(寒木向陽)해야 한다. 丙화가 午중에 유근하므로 목화운에 발전했다. 목화가 午중 丁화가 丁壬합으로 인(印)성을 자합하니 관직에 나아 갔다.

```
丙 乙 丁 乙
子 丑 亥 未   坤 5 서태후
癸 壬 辛 庚 己 戊
巳 辰 卯 寅 丑 子
```

조화원약 해설

이 사주는 청대 자희태후(慈禧太後)의 명조이다. 한목향양(寒木向陽)하여 丙화가 용신이 되었다. 그러나 애석하게도 丑궁의 辛금 부성이 투출하지 못했고 초년인 재운(財運)에 생관하여 육궁(六宮)에 총관(寵官)했다. 寅운에서 금이 절지에 이르니 남편을 극했다. 그러나 동남운에 45년 동안 수렴청정(垂簾聽政)했다. 乙운 戊申년에 74세로 생을 마쳤다.

삼각산인 해설

乙목 일원이 丙子시를 만나 육을서귀격(六乙鼠貴格)을 이루었다. 亥子丑 방합을 트는 중에 관성의 고장인 좌하 丑토를 비겁고인 未토가 충하여 관고가 열렸다. 일지고장은 형충을 기뻐한다.

子月 乙木

난강망 원문

　　十一月乙木 花木寒凍 一陽來復 喜用丙火解凍 則花
　　木有向陽之意 不宜用癸以凍花木 故當用丙火

　11월 乙木은 꽃과 나무가 차갑게 얼어 있는데, 一陽이 다시 돌아오는 시기이다. 丙火를 사용하여 얼음을 녹이는 것을 기뻐한다. 즉 꽃과 나무가 따뜻함을 향하려는 의지가 있어서 얼어붙은 꽃과 나무에게 계수를 사용하는 것은 좋지 못하다. 그러므로 오직 丙火만을 사용한다.

　　有一二點丙火出干 無癸制者 可許科甲 即丙藏支內
　　亦有選拔恩封 得此不貴 必因風水薄 或壬癸出干有
　　戊制 可作能人 即丙在支內 亦是俊秀 若壬透無戊
　　貧賤之人

　한두 점의 丙火가 天干에 나타나고 癸水의 制함이 없으면 과거 급제할 수 있다. 또는 丙火가 지지에 감추어져도 역시 선발되어 왕의 봉직을 받는 것이 있다. 이런 조건을 얻고 귀하지 못하면 필시 원인은 풍수(風水)가 박하기 때문이다. 혹시 壬水 · 癸水가 천간에 나타나고 戊土가 制함이 있으면 유능한 사람이 될 수 있다. 또는 丙火가

지지에 존재해도 역시 이런 것도 준수하다. 만약 壬水가 투출하고 戊土가 없으면, 빈천한 사람이다.

도계 선생 명리요결

한기(寒氣)가 극심하니 丙화의 보온이 긴요하다. 동지(冬至)에 일양시생(一陽始生)하므로 丙화가 있으면 해동하여 귀인이요, 戊토가 투출하면 제습(除濕)하여 부자가 된다. 壬癸는 대기하며 丙戊가 지지에 암장했으면 소격이다. 丙화만 있고 戊토가 없거나 戊토만 있고 丙화가 없으면 중격이다.

1925년 인왕취재(印旺取財)

丁 乙 戊 乙
亥 酉 子 丑 乾 7

壬 癸 甲 乙 丙 丁
午 未 申 酉 戌 亥

도계실관 해설

乙일주가 추운 계절에 亥子丑 북방이 있고 酉丑 금국이 생수하고 있다. 약한 乙목은 부목(浮木)이니, 戊토가 제방하는 용이 되며 丁화는 뿌리가 부족하여 조후의 능력이 없다. 丙戌운에 용신을 도와 결혼하고 아들을 낳았다. 乙酉 甲申운은 용신이 설기(泄氣)되어 상업을 하는 중 실패가 많았다. 癸운 壬子년에 용신을 합거(合去)하여 상처(喪妻)하였으나 남방운은 노년에 자손덕으로 평안할 것이다.

삼각산인 해설

천간은 목화와 조토로 구성되었고, 지지는 금수로 세력을 이루었다. 천간과 지지의 의향이 어긋나므로 파격이다. 수다목부(水多木浮)한 중에 戊토가 투간하였으므로 수왕함을 제어하고 있다.

▶ 丙戌운에 용신을 도와 결혼하고 아들을 낳았다

乙목이 戊토를 만나 미약하나마 수기를 제어하고 있으나 丙화를 만나지 못해 해동하지 못한 것이 아쉽다. 丙戌대운을 만나 한기를 다스리므로 결혼하여 아들을 낳았다.

▶ 癸운 壬子년 상처(喪妻)

월상 戊토 재성이 癸운에 戊癸합거되고 壬子년 戊토를 생하는 원신 丁화 역시 丁壬합하므로 상처했다. 丑중의 己토는 년상의 겁재와 동주하므로 처가 되지 못한다.

1614년생 신왕용살

```
癸 乙 丙 甲
未 酉 子 寅  乾 4
壬 辛 庚 己 戊 丁
午 巳 辰 卯 寅 丑
```

도계실관 해설

乙일주가 동지후에 생하여 丙甲이 투출(透出)하니 한목(寒木)이 따뜻함을 만나 좌하 酉금으로 용이 된다. 未토가 희신이요, 丙화는 조후하는 약신이다. 丁丑 戊寅운은 화토금을 도와 길하고 己운에 은행계로 출신하나 卯운에 시국변동으로 신고(辛苦)가 많음은 용신 酉금을 충한 때문이다. 庚辰 辛巳운은 약한 금을 도와 연속승진하며 壬운은 정인이 온수생목하여 행장이 되고 午운도 무흠하여 癸未운도 길하다.

삼각산인 해설

子월의 乙목이 乙丙癸의 구조를 갖추어 성격되었다. 동짓달이므로 목화로 향배를 잡아 조후해야 한다. 도계선생님은 좌하 酉금이 子수에 풀어져 甲목으로 변화하는 모습이 원국에 구현된 것에 주목, 酉금을 용신이라고 기술하신 듯하다.

▶ 己운에 은행계로 출신

酉금을 중심으로 본다면 酉금이 자수에 풀어지는 모습이 좋다. 酉금은 종자를 의미하므로 은행과 연관이 있다. 대운 己토의 작용으로 본다면 甲己합으로 겁재를 제어한다고 할 수도 있지만 더욱 중요한 것은 년한상 월상 丙화가 작동하는 20대초반이 되면 발전을 시작한다는 점이다.

▶ 壬운은 정인이 온수생목하여 행장

壬운이 오면 壬癸甲乙丙으로 천간의 구조가 가지런해진다. 동시에 辛丁壬의 진신체계를 구현하게 된다.

[비교사주]

甲 丁 辛 辛
辰 亥 丑 酉   乾 은행장

조화원약 해설

이 사주는 재정총장에 오른 사람이다. 재왕하여 인수가 용신이다.

삼각산인 해설

월지 丑중에 辛금이 투간했다. 申금이 亥수에 풀어져 甲목으로 변하는 辛-丁-壬 구조의 진신을 갖추었다.

丙 乙 戊 庚
子 巳 子 申 _乾

조화원약 해설

이 사주는 丙戊가 모두 투출하여 사림(詞林)이 되었다. 재왕하여 살을 생하고 庚丙癸가 중화되어 부귀격을 이루었다.

삼각산인 해설

동지달의 乙목이 丙子시에 태어나 육을서귀격을 이루었다. 丙戊가 巳중에 귀록하여 조후하고 있다.

丙 乙 壬 丁
子 未 子 未 _{乾 元順帝}

조화원약 해설

한목향양(寒木向陽)하니 丙화가 용신이다. 丁壬이 합하여 병(病)을 제어하니 귀격을 이루었다. 申운에 나라를 잃었다.

삼각산인 해설

子월 乙목이 壬수가 득령했다. 丁화가 壬수를 합제하고, 未토로

子수를 천제(穿制)하므로 유병득약(有病得藥)하여 대귀격이다. 申운을 만나 申子회국하여 반국(反局)을 이루므로 나라를 잃었다.

己 乙 甲 癸
卯 巳 子 卯　坤3

庚 己 戊 丁 丙 乙
午 巳 辰 卯 寅 丑

삼각산인 해설

子월 乙목이 한목향양(寒木向陽)해야 한다. 일지 巳화가 길신이나 子巳가 쌍절하고 있음이 흠이다. 甲목 겁재가 乙목의 터전이 되는 시상 己토를 넘겨다 보는 것이 좋아 보이지 않다. 甲己합으로 재물을 겁재에게 빼앗기는 모습이 있다. 乙목 일간의 공망이 년시에 있음도 육친의 덕이 박약한 것을 짐작하게 한다. 巳중 庚금이 남편이므로 庚금이 움직이면 남자가 생기게 된다. 庚午대운 庚금이 출현하여 乙庚합하므로 남자가 생겼다.

丑月 乙木

난강망 원문

十二月乙木 木寒宜丙 , 有寒谷回春之象 得一丙透 無癸出破格 不特科甲 定主名臣顯宦 丙火藏支 食饜 而已 干支無丙 一介寒儒

12월 乙木은 木이 차가우므로 丙火가 좋다. 추운계곡에 봄이 돌아오는 형상으로 한 개의 丙火가 투출함을 얻고 癸水가 나타나서 격을 파괴하지 않으면 과거 급제하는 것이 특별한 것이 아니며, 반드시 이름난 신하와 현명한 관리가 된다. 丙火가 지지에 감추어지면 그럭저럭 먹고 살만 하고 제사 지낼 정도에 그친다. 天干·地支에 丙火가 없으면 일개의 가난한 선비에 불과하다.

도계 선생 명리요결

겨울철의 목이므로 역시 丙화가 필요하다. 癸수를 꺼리며 丙화가 암장되면 의식은 있다. 토가 왕성하고 비겁으로 소토한다면 길하다.

1895년 재살왕 이비위용(財殺旺 以比爲用)

```
戊 乙 己 乙
寅 酉 丑 未   乾 9
癸 甲 乙 丙 丁 戊
未 申 酉 戌 亥 子
```

도계실관 해설

乙목이 토왕절에 생하여 간지에 4토가 있고 좌하의 극함을 받는다. 종격이 될듯하나 乙목이 년상에 있고 시지에 寅목이 있어 종하지 않는다. 초년 수운은 길하나 戌운부터 유산이 점차 사라지고 酉운도 괴로웠다. 申운에 용이 되는 寅목을 충하는데 癸巳년에 삼형성국하여 졸도 사망하였다. 그러나 아들을 하나 두었으니 불길한 사주라도 용신이 시에 있기 때문이다.

삼각산인 해설

乙목이 토왕절에 생하여 간지에 4토가 있고 좌하의 극함을 받는다. 종격이 될듯하나 乙목이 년상에 있고 시지에 寅목이 있어 종하지 않는다. 초년 수운은 길하나 戌운부터 유산이 점차 사라지고 酉운도 괴로웠다. 申운에 용이 되는 寅목을 충하는데 癸巳년에 삼형성국하여 졸도 사망하였다. 그러나 아들을 하나 두었으니 불길한 사주라도 용신이 시에 있기 때문이다.

▶ 申운 癸巳년 사망한 이유

겨울의 목은 丙戊로 보온하는 것이 명리의 기초이다. 丙화가 투간하지 못했으나 寅중에 암장되어 있는데, 申운을 만나 丙화가 파괴되므로 불길하다. 癸巳년 충중봉합(沖中逢合)으로 응기하고 삼형성국(三刑成局)하므로 사망했다.

1887년 인수격 식상희신

壬　乙　癸　丁
午　酉　丑　亥　乾 3
丁　戊　己　庚　辛　壬
未　申　酉　戌　亥　子

도계실관 해설

乙목이 약지에 생하여 좌하 酉금이 극절하니 태약한 乙일주다. 그러나 壬癸수가 亥에 유근하며 午丁화가 온수하니 수화가 희용(喜用)이다. 출생이후로 금수운에 유산이 넉넉하며 문학가요. 丁未 丙午乙운에 한수를 화로 온난케 하므로 안락하고 巳운 戊申년에 사망하니 용신 수가 절이 되며 巳酉丑금이 성하여 약한 乙일주를 극한 이치다.

삼각산인 해설

丑월 乙목이 壬癸수가 득령하여 수왕지국(水旺之局)을 이루고 있다. 년상 丁화는 丁亥 자합하고 시지 午화는 壬午자합하여 식상과 재성(午中己土)이 완전히 통제되어 적포구조를 이루었다. 남방운에 발전한다.

▶ 巳운 戊申년에 사망

년상의 丁화를 亥중 壬수가 자합하고 있는데 巳운이 오면 巳亥가 상충하여 丁화를 놓치게 된다. 따라서 원국의 의향이 파괴되어 반국이 된다. 戊申년 충중봉합으로 응했다.

[비교사주]

辛 乙 癸 壬
巳 卯 丑 午 乾

조화원약 해설
丙戌가 득소하여 과거합격하고 부윤(府尹)에 이르렀다.

삼각산인 해설
丑중 辛금이 시상으로 투간한 뒤, 巳중 丙화와 자합하여 제압되었다. 칠살을 제압했으므로 격을 이루어 발전했다.

```
辛 乙 癸 壬
巳 酉 丑 午 乾
```

조화원약 해설

앞 사주와 한 글자가 다르다. 위의 사주는 乙卯이므로 활목이 되어 화를 만나면 스스로 귀가 있다. 그러나 이 사주의 乙酉는 사목이다. 丙화가 득소해도 부가 작다. 巳酉丑이 회국하여 금기가 강하지만 丙화가 본분을 잃지 않아 의록이 있다. 巳시생이 아니었다면 천간에 壬癸가 있고, 지지에 酉丑이 목을 상하게 하니 어찌 성공을 이루겠는가?

삼각산인 해설

금수가 세력을 이룬 중에 년지 午화는 壬수와 자합했고, 시지 巳화는 酉중에서 辛금과 자합하고 있다. 巳酉丑회국으로 巳화가 제어되고 丑午천으로 午화가 완전히 제어, 적포구조를 이루었다. 그런데 午화가 년지에 있을 뿐만아니라 생부를 얻지 못해 그릇이 착다.

에필로그

1.

"명리란 벽돌쌓기와 같은 걸세. 한 장 한 장 쌓아올리는 것이지 어느 날 갑자기 완성되는 게 아니야. 기초공사가 튼튼하지 않으면 고층건물을 올릴 수 없는 것처럼 명리도 그런 셈이지. 기초가 약하면 금방 무너져 버리거든."

명리를 공부하겠다고 찾아온 사람에게 역문관 선생님은 언제나 『명리요강』을 여러 번 반복해서 깊이 읽으라고 하셨다. 선생님은 명리란 벽돌쌓기와 같아서 기초가 튼튼하지 않으면 금방 무너져 버린다고 했다. 마치 고층건물을 올리기 위해서 밑바닥을 튼튼하게 다져야 하듯이 명리도 그렇다고 했다. 말씀의 취지에는 십분 공감하면서도 나는 사실 명리요강의 어떤 면이 대단한 것인가에 대한 의문을 품지 않을 수 없었다. 『명리요강』은 도계 박재완 선생님이 1974년 출간하신 책으로 명리에 대한 중요한 요점만을 간추린 일종의 개론서였다.

따라서 다른 일반적인 명리서적에서 다루는 오행원론, 신살론, 격국론, 육친론 등의 일반적인 내용이 예제와 함께 다루어지고 있다. 그런데 역문관 선생님이 유독 『명리요강』에 대해 과도한 칭찬을 보내는 것을 나는 잘 이해할 수 없었다.

한번은 선생님 서가를 정리하다가 1974년 출간된 『명리요강』 초판본을 펼쳐보게 되었다. 거기에는 선생님의 명리 입문 시절 치열한 공부의 흔적들이 빼곡하게 적혀 있었다. 특히 나를 깜짝 놀라게 한 것은 선생님의 필기 대부분이 『명리요강』의 뒷부분, '도계실관'에 집중되어 있다는 점이었다. 나는 그때 『명리요강』의 핵심이 '도계실관'이란 점을 눈치로 알아챌 수 있었다. 나는 속으로 뭔가 엄청난 깨달음을 얻은 듯한 생각에 '흐흐' 웃었다.

2.

『명리요강』의 내용은 크게 전편과 후편의 두 부분으로 나누어 볼 수 있다. 전편은 명리의 일반적인 이론, 오행원리, 격국론, 육친론 등의 내용으로 구성되어 있다. 물론 도계 선생님의 이지(理智)가 번뜩이는 중요한 내용이 수록되어 있기도 하지만 다른 명리 개론서에서도 다루는 일반적인 내용이 대부분이다.

후편은 도계 선생님이 터득한 명리이론을 실제로 적용하는 내용이다. 특히 『명리요강』 후반부에 수록된 '도계실관' 부분은 도계 선생님께서 직접 간명한 내용을 해설하신 부분으로 일종의 실전편이라고 할 수 있다. '난강망'식의 목차에 따라 甲목부터 癸수까지의 일간을 각각 월지에 대입해서 정리해 놓으신 '도계실관' 편은 도계선생님의 명리실력을 보여주는 하이라이트라고 할 수 있는 대목이다.

나는 여러 번에 걸쳐 '도계실관' 편을 꼼꼼히 읽어 보았으나 실력은 늘지 않았다. '도계실관'에 수록된 명조해설이 잘 이해되지 않았다. '명리란 학문과 나는 잘 맞지 않는지도 모르겠다'는 회의감이 커져 갔다. 그러던 어느 날 실마리는 우연한 계기에 찾아 왔다.

"선생님 제 사주의 용신은 뭡니까?"
"용신? 용신 찾아 30년 이란 말이 있습니다. 사주를 보면서 용신에 집착하는 것은 별로 좋은 공부방법이 아닙니다. 원국의 동정(動靜)을 이해하는 게 더 중요합니다."

자기 사주의 용신을 찾아 달라고 방문한 사람의 질문에 대한 선생님의 답변은 뜻하지 않게도 내게 영감을 주었다. 사주의 간명과 통변은 용신에 의해 결정되는 것이 아니라 원국의 구조와 변화에 의해서 어떤 글자가 움직이는지 파악하는 것이 골자일지도 모른다는 생각이 뇌리를 스쳤다.

"사주 중 천간에 투출한 자는 동으로 보고 지지는 정으로 보는데, 특히 지지에 암장된 인원은 정이 된다. 그런데 천간지지 사이의 상극 관계도 이 동정의 상태를 따라 강약의 차이와 상극관계를 나타내고 있다"

『명리요강』'동정론'

나는 그날 선생님께 들은 한마디를 계기로 용신을 넘어 원국의 동정을 깊이 파고 들었다. 그리고 다시 도계실관을 읽으며 원국의 의향을 파악해 보려고 노력해 보았다. 드디어 도계선생님의 설명이 눈에 들어오기 시작했다. 조금씩 명리실력이 늘어가고 있음을 느낄 수 있었다.

3.

『명리요강』은 현대 한국 명리사에 있어서 기념비적인 저작이다. 국한문 혼용체이기는 하지만 한문원전이 아닌 우리말로 명리의 기본 개념을 체계화하신 것은 도계 선생님의 큰 성과가 아닐 수 없다. 나아가 기본 개론서의 수준을 넘어 후반부에 '도계실관'이란 실전편을 첨가하여 고급 이론을 공부하고 싶은 사람들에게 심화자료를 제공해주신 것은 그야말로 크게 감사할 일이라고 생각한다.

『명리요강』이후 쏟아져 나온 명리서들은 거의 천편일률의 기본 이론을 소개하고 있을 뿐이다. 좀 더 심화된 공부를 원하는 사람들은 『적천수』, 『난강망』과 같은 고전으로 회귀하여 실마리를 찾고자 하지만 그마저도 한문의 벽에 막혀 쉽지 않은 일이다.

『명리요강』의 '도계실관'은 바로 심화학습이 필요한 사람에게 꼭 필요한 교재라고 하지 않을 수 없다. '도계실관'에는 실제 간명과 통변에서 활용되는 다양한 기법과 사례, 그리고 그에 대한 소견이 제시되어 있다. 이를테면 중년에 어떤 사람이 배우자를 사별했다면, '도계실관'은 사별에 이르게 된 명리적 이유를 구체적으로 설명하고 있다. 만약 일생의 중대한 사건에 대한 도계 선생님의 명리적 소견을 이해할 수 있다면, 분명 실제 통변에 대한 하나의 깨달음에 이르는 길잡이가 될 것임에 틀림없다고 할 것이다.

나는 역문관 선생님께 '도계실관'에 등장하는 사주 실례중 이해가 되지 않는 것을 여러 차례 질문할 수 있는 행운이 있었다. 그러나 그때는 아둔하여 어리둥절한 표정으로 땀만 뻘뻘 흘리던 것이 아쉽기만 하다.

역문관 선생님은 매주 토요일 날 있었던 정규 강좌에서 '도계실관'에 대해 이런 당부를 자주 언급하셨다.

"도계실관은 박선생님이 명리의 비밀을 풀어 놓으신 걸작입니다. 우린 공부가 부족해서 다 이해하지 못하지만 '도계실관'의 풀이는 명리공부하는 사람들에게 두고두고 좋은 길잡이가 될 겁니다"

 1997년 역문관 선생님은『명리요강』에 주석을 내어 개정판을 출간하신 적이 있었다. 1974년 출간된『명리요강』은 세로쓰기로 되어 있을 뿐만 아니라 한자가 너무 많아서 시대의 조류에 맞지 않는다는 판단이셨다. 그때 나는 '도계실관'의 설명이 너무 어려워서 잘 이해가 안 되니 이 기회에 주석과 해석을 붙여 보면 어떻겠냐고 말씀드린 적이 있었다.

 선생님은 좋은 생각이라고 하셨지만, 분량이 방대하고 시간이 여의치 못해 97년도의 개정판에는 '도계실관'의 주석작업은 진행하지 못했다. 단지 세로쓰기를 가로쓰기로 편집하는 수준에서『명리요강』의 출간이 이루어졌다. 그 뒤 곧이어 98년 내가 봉선사로 출가하는 바람에 '도계실관'에 대한 주석과 해설 작업은 더 이상 진척되지 못했다. 선생님 생전에『명리요강』보주판을 완성하지 못한 것은 아무리 생각해도 아쉬운 일이 아닐 수 없다. 나의 게으름과 무관심에 기인한 바가 크다고 할 것이다.

 선생님께서 돌아가신지 10년이 지난 뒤에서야 명리 공부에 뜻을 둔 사람과 함께 '역문관아카데미'를 열게 되면서 나는 그때 못했던 밀린 숙제를 하게 되었다. 시절인연이 흐르다 보니 도계 박재완 선생님으로부터 시작되어 역문관으로 이어지는 명리학의 전승을 복원하고, 명리를 좀 더 깊이 있게 연구 보급하는 데 한발을 들여 놓게 되었다고나 할까?

2021년부터 시작된 '역문관아카데미' 고급반에서 『명리요강』 강의를 시작하면서, 명조(命造)에 대한 좀 더 상세한 해설을 담은 시리즈를 저술해 보기로 마음먹었다. 함께 공부하는 연구반 분들과 명조에 대한 깊은 토론을 거듭한 결과, 드디어 그 첫 번째 성과물로 『명리요강 깊이 읽기 1- 甲乙편』을 교재로 내놓게 되었고, 이후 강의가 진행되는 대로 추가로 丙丁, 戊己, 庚辛, 壬癸의 4편도 출간할 예정이다. 부족한 실력이 부끄럽기도 하지만 『명리요강』에 대한 좀 더 깊이 있는 해설서라는 점에서 명리를 공부해왔던 사람들의 실력 증진에 큰 도움이 될 거라 믿어 의심치 않는다.

돌아가신 도계 박재완 선생님과 역문관 유충엽 선생님 영전에 이 책을 바친다. 나무아미타불

2022.12. 冬至
삼각산인 합장

참고문헌

원전
任鐵樵,『滴天髓闡微』.
徐樂吾,『滴天髓補註』.
徐樂吾,『造化元鑰評註』
沈孝瞻,『子平眞銓』.
徐 升,『淵海子平』.
張 楠,『神峰通考命理正宗』.

외국서적
韋千里,『呱呱集』,上海印書館.
宋英成,『八字眞訣啓示錄』(風集),武陵出版社.
張耀文,『四柱推命術奧義:滴天髓註釋』,香草社

국내서적
박재완,『명리요강』,역문관서우회.
박재완,『명리사전』, 너른터.
이무학,『명리정문』, 양북문화사.
이석영,『사주첩경』, 한국역학교육학원

간행위원장　　　삼각산인

간행위원　　　고순영　박덕선　김문정
　　　　　　　　김동현　남경훈　신재억
　　　　　　　　정명자　심종옥　안형용
　　　　　　　　임성환　임은자　정원영
　　　　　　　　정학균　지연옥　황남준
　　　　　　　　손수창　박상일

명리요강 깊이 읽기 1

초판 1쇄	2023년 1월 22일
지은이	삼각산인
책임편집	민규성
에디터	유민정 김혜림 박주희
디자이너	김정아
마케팅	박민호 김창원
영업 유통	㈜성운도서
펴낸곳	라이트하우스인
펴낸이	조남규
주소	경기도 고양시 일산동구 정발산로 43-20 센트럴프라자 301
대표전화	031-815-8298
출력·인쇄	효성TPS(주)
값	18,000원
ISBN	979-11-971127-9-9
출판등록	제 2020-000108 호

라이트하우스인(LIGHTHOUSEIN)은
등대(LIGHTHOUSE)를 비추는 사람(人)과 등대 안(IN)을 뜻합니다.
어둠 속에서 길을 찾는 사람에게 밝은 빛으로 안내하는 등대처럼
미디어 문화 창출에 앞장서는 기업이 되겠습니다.
라이트하우스인은 좋은 글을 만드는 글방(WRITE HOUSE)을 지향합니다.
라이트하우스인은 세상에 유익한 콘텐츠를 만들어가는 바른 기업(RIGHT HOUSE)을 추구합니다.

이 책은 저작권법에 의해 보호를 받는 저작물이므로 무단 전재와 복제를 금합니다.